老人詐欺

鈴木大介

李建銓 譯

老人喰い

高齢者を狙う詐欺の正体

オレオレ詐欺、騙り調査、やられ名簿：平均2000万円の貯金を貯め込んだ高齢者を狙う詐欺「老人喰い」が、いま急速に化している。高齢者を騙すために合理化された組織をつくり、身元を徹底的に調べあげ、高いモチベーションで詐欺を行う若者たち。彼らは、どのような手口で高齢者を騙しているのか。どのような若者たちが、どのような心理で行っているのか。裏稼業で生きる若者たちに迫ることから、階層化社会となった日本の抱える問題をあぶりだす。

たち。彼らは、どのような手口で高齢者を騙しているのか。どのような若者たちが、どのような心理で行っているのか。のような若者たちが、どのような心理で行っているのか。裏稼業で生きる若者たちに迫ることから、階層化社会となった日本の抱える問題をあぶりだす。

たち。彼らは、どのような手口で高齢者を騙しているのか。どのような若者たちが、どのような心理で行っているのか。

レ詐欺、騙
2000
を狙う詐欺「
している。高
れた組織をつ
げ、高いモチベ
ち。彼らは、
騙しているのか。
のような心理で
きる若者たちに迫ることから、階層化社会
となった日本の抱える問題をあぶりだす。

前言

根據二〇一三年警察白皮書內容所載，以轉帳詐欺為首的特殊詐欺案件中，整體受害者約有八成是六十歲以上的高齡者，而且總詐騙金額更是年年創下新高，光是二〇一四年一月到十一月，詐騙金額就高達四百九十八億七千三百四十三萬日圓。

另外，以增值為由，誘騙他人締結未上市股票或公債、公司債契約，或是拜訪販售與惡質裝潢工程、催眠販售等相關特定商業交易——也就是一般常說的惡質商業行為——經全國消費生活中心統計，大約七成以上（**增值型推銷詐欺案件占七一．五%、特定商業行為詐欺案件占七七．九%**）被害人都是高齡者。

目前以高齡者為目標的詐欺犯罪和惡質商業行為，正以無法抑止的速度大肆蔓延。真可謂是個「專騙老人」且手法令人眼花瞭亂的時代。

然而，為什麼會變成這樣呢？原本高齡者應該受到敬重，卻有這麼多人以欺騙老人作為歛財手段。難道日本人已經失去美德了嗎？內心沒有絲毫罪惡感嗎？任何人都有雙親，也都有祖父母吧。這些詐欺犯是不是沒血沒淚？真叫人不寒而慄。

但即便如此，我還是想問問身為受害當事人的高齡者：

「他們這些罪犯鎖定你們這些高齡者做為目標，你們難道沒想過，原因出在自己身上嗎？」

我們可以很容易想像得到，高齡者對於這個問題的反應為何。這個時代的高齡者，正是在戰後百廢待舉的時期，讓日本東山再起的功臣。他們夙夜匪懈地工作著，生兒育女、開橋造路，致力於發展事業，讓日本從戰敗國一舉躍上世界舞台，成為著名的經濟大國。

把日本帶到今日繁榮的局面，終於可以退休安養天年之時，上半輩子拚命攢下來的資產，卻成為詐騙集團鎖定的目標，**而原因竟然還怪到他們頭上？**

這些高齡者的想法故然正確無誤，然而，即使我們再怎麼大力宣揚他們的功績，警察再怎麼竭盡全力企圖撲滅詐騙集團，專騙老人的詐欺犯仍舊不會絕跡。因此，在採訪了多名詐欺犯罪加害者之後，坦白說，剛才那個問題是我最直接的感想。

做為一名報導文學（Reportage）作家，我採訪的主要對象，都是在惡劣的家庭環境中成長，飽受貧困、虐待之苦或遭到雙親遺棄，只能生活在社會底層的年輕人。聽取觸法的少年少女和犯罪加害者的心情，從中探詢這些被社會視為蛇蠍的人們，心裡抱持的痛楚與無奈，我認為也是記者這個工作的意義之一。無法接受適當的教育，並缺乏雙親的關愛和社會的庇護，最終只能淪為犯罪組織的一員，而我所做的事情就是聽他們訴說青春的苦澀。然而，專騙老人的當事者，絕對不能說「都是因為出身貧困才成為罪犯」。裡面有些人從小備受雙親寵愛，也有人接受過大學教育。但即使如此，他們仍舊抱持明顯的敵意，對高齡者張牙舞爪。這到底是為什麼？

專騙老人的佼佼者，可以說就是這些身陷特殊詐欺犯罪的年輕人，透過多次採訪，我可以感受到他們正處於「相濡以沫的世代」。

與這些年輕人接觸後，我腦海裡浮現了沙漠之夜的景象。請各位想像一下他們這群年輕人的處境，就像在沙漠中乾渴不已，而且身邊淨是失去生機的綠洲，以及乾涸的枯井。看天氣似乎也沒有下雨的跡象，自己已經耗盡體力，無法去挖掘一口新的水井。他們唯一能做的事情，就是吸吮著夜裡的露水並忍受乾渴。

然而，在年輕人的身邊，有一群人，每個人懷裡都抱著一個裝滿水的皮製水袋——那群人正是高齡者。

這些高齡者或許會把水分給自己的孩子或孫子，但絕對不會把水分給其他年輕人，甚至做到「滴水不借」的地步。其實只要分給年輕人少量的水，他們就能挖掘自己的水井，或是創造出新的綠洲。

當資源長期被壟斷，終有一天，飢渴難耐的年輕人會目露兇光，出手搶奪高齡者緊抱在懷中的水袋，這樣的結果應該是不言而喻。

在此我想先消除一項極大的誤解。鎖定高齡者做為目標的犯罪，並非如一般人認為，因為高齡者是弱勢族群才被趁虛而入。而是經濟條件處於極端弱勢的年輕人，對於經濟面壟斷絕對優勢的高齡者，展開反撲的行動。

就算高齡者掌握再多資源，就算年輕人再怎麼飢渴，現代日本是已開發國家，絕不可能貧困到為了食物去偷竊或強盜——我認為這樣的想法根本就偏離重點。這個時代已非經濟高度成長期，就算努力也未必能獲得成果。而這些年輕人，不管再怎麼努力，也無法保證將來必然能過上安定的生活。上一個世代可說是充滿夢想，即使今天只能吃得起吐司邊，只要努力不懈，總有一天可以吃到滿漢全席；但時至今日，年輕人不僅只吃得起吐司邊，而且「再怎麼努力，一生也只能吃吐司邊」，是個讓人無比絕望的世代。

若以口渴的程度來做比方，現代的年輕人或許比戰後貧困時期的人們還要乾渴。

雖然政府機關並未進行統計，但是我由目前大學生口中，得知一件驚人的事實。「畢業之後，必須把就學時期的生活費和學費，償還給雙親」這樣的學生人數非常多。我自己出生於一九七三年，算是二戰後嬰兒潮的世代，當時我們必須經歷嚴苛的考試競爭，而且也是就業冰河期，但現在回想起來，那個時代的日子還算好過。至少對我們這個世代的孩子來說，雙親要求「償還生活費」，並不是那麼普遍的想法。

若以具體的數字來表達，領取助學金的學生，畢業後也將面臨貧窮這個問題。償還不出助學金而身陷官司的學生，在二〇〇四年的訴訟案件數為五十八件，到了二〇一二年竟高達六千一百九十三件，短時間內整整增加了一百倍以上。這股失落且看不見未來的感覺，跟過去的時代完全無法比較。

其中，有些新型態的年輕人，稱為「溫和叛逆者」（Mild yankee, Soft yankee），也是值得注意的族群。他們並不汲汲營營追求高所得或出人頭地的人生，反倒是即使領著低廉的工資，與周遭同儕或是雙親、兄弟姊妹互相扶持，認為這樣的人生更具有價值。上述族群的概念，是由市場分析師原田曜平（**博報堂**）提出，套用佛教用語，這些人就叫做「諦觀層」[1]。

當代年輕人都籠罩在這股令人喘不過氣的滯留和封閉的感覺中，而專騙老人的詐欺犯，就是最急於突破現狀、期待能撥雲見日的一群人。他們當中有些人出身貧困，有些人是被中央集權社會與都會區集中型社會所拋棄，只能在「貧困自治團體」中長大成人，更有人雖然進入大學就讀，但畢業後也只能在一職難求的人肉市場中苟延殘喘。

但是，上述這些人都有一個共通點，就是他們都非常優秀，而且每個人的幹勁都異常之高。他們不願屈就於封閉的大環境，也不會輕易被擊敗，而是不停與社會抗爭著。他們也是有血有淚的人，甚至可以說，他們比一般人懷抱著更加過剩的熱情。

於是，專騙老人的罪犯便聚集組成為一個高度分工的組織，他們接受教育以增進自己的詐欺技巧，而高昂的幹勁更讓他們如虎添翼，一個完善的犯罪組織便就此完成。說起來，他們就是「經濟社會中的游擊隊」，手持利刃對抗他們眼中不知民間疾苦的貴族階級，如同中世紀的百姓一般，心裡懷抱著對上流社會的憤恨，因而率先發起的行動就是專騙老人。

---

1 類似最近流行的「佛性○○」，表面是看透世俗、無慾無求，但深層原因是對未來不抱希望，以自嘲式的超然態度生活著。

本書並未提及專騙老人的「防範知識」。想了解高齡者自衛知識的讀者，沒有必要購買這本書。各位繼續往下讀，我想應該就能明白。無論什麼樣的防範對策，只要「階級化社會」繼續存在，專騙老人的詐欺案就不會消失。也就是說將來特殊詐欺犯罪完全根除，他們也會想出其他手段，繼續掠奪高齡者。

而且，專騙老人的犯罪手法，並不是利用高齡者判斷力不足這一點。犯罪組織已經完成一套符合邏輯的話術，能夠完美地從高齡者手中騙取金錢。因此，現在就算是判斷力和體力都正值高峰的壯年世代，也不能掉以輕心。將來，專騙老人的詐欺犯，肯定會降低行騙目標的年齡層。

本書的目的只是如實記錄，在詐欺犯罪現場討生活的年輕人最真實的一面，以及他們內心那股令人無法忽視的掙扎與渴望。

本書為了盡可能詳實傳達專騙老人的犯罪現場實況、各人物的內心世界，以及極為複雜的組織型態，因此多以故事形式撰寫，但所有主題的內容都是實際採訪相關人士後彙整而成，書裡的故事都不是憑空虛構。每一名登場角色，都是以實際存在的人物做為雛型。

009 前言

目錄 CONTENTS

第四章 專騙老人的詐欺犯是何方神聖？——四個實例勾勒出真相

第五章 專騙老人的始作俑者——日本社會黑暗面的走向

第一章

是誰專騙老人？——詐欺高齡者的可怕手法

他們就算四目相接，也不會點頭示意，
只是一味保持沉默。
這群人最後全數進入的地方，
是一座五層樓的古老商業大樓。

十看似上班族的年輕人

距離東京都中心地區搭電車將近三十分鐘的T車站前，是一座令人感到若干寂寥的小鎮。

站前圓環有幾家藥妝店、咖啡館和牛丼店，一旁的超市似乎已經倒閉，鐵捲門上貼著一張停止營業的公告。一些貼有巨大「招商中」告示的商業建築，約兩、三層樓高，引人目光，車站前唯一的娛樂設施，也就一家非連鎖體系的KTV，營業時間是早上十一點開始，到晚上十一點打烊，感覺好像不太想做。

然而，這座不景氣的小鎮，近年來卻改頭換面；一座巨大的停車場上，停滿了自行車，這座小鎮感覺上已經變成一片住宅區，住著前往市中心和周邊鄰接製造工業區上班的通勤族。從車站前房仲業者店面玻璃貼著的租屋資訊來看，可以得知和周邊地區比較起來，T站周邊出租物件特別便宜，可說是個因此受惠的地區。

上午七點四十分前，由T站延伸出去的一條道路，許多通勤族帶著疲憊的表情，拖著沉重的腳步走向車站，有一群年輕人與這群人潮逆向而行。他們的年紀大約從二十歲到三十五歲前後，穿著樸素的西裝配上皮鞋，每個人都留著幹練的黑色平頭。身上沒有時下年輕人流行的耳環，甚至根本沒有任何裝飾品，一眼望去好像會出現在畫中的穩重上班族，但不知為何目光都十分銳利。

這群快步行走的一行人，難道都在同一家公司上班嗎？

但為什麼他們就算四目相接，也不會點頭示意，只是一味保持沉默。這群人最後全數進入的地方，從車站徒步約五分鐘，位於附近國道與站前大道相連接的十字路口，是一座五層樓的古老商業大樓。

在清晨塞車情況嚴重的國道旁，有一座夾在家庭餐廳和便利商店之間的建築物，雖然老舊但看得出來管理相當確實，甚至可以說滿乾淨的。從鋁製的招牌來看，進駐在該建築物的企業，有法律事務所、小型貿易商和網路購物公司等。

這群看似上班族的年輕人工作的地方在三樓，然而當他們搭乘電梯時，其中一個人卻做出頗為怪異的行動，按壓三樓的按鍵時，他竟然握著拳用中指的第二指節，像敲門一樣敲擊按鍵。下一個搭進的年輕人也是一樣，敲了按鍵一下。

七點五十分前，這群上班族打扮的年輕人在辦公室入口處登記上班時間，之後在窗邊的白板前排成一列整齊的隊伍。除了這面白板之外，辦公室裡還有三組開會、待客兩用的矮桌和椅子，每一組都由簡易的隔間分開，整體來說是一間樸素的辦公室。等到所有人站定位，一名比任何人都早進公司的三十幾歲男子站在他們面前。這個男子看似職場負責人，應該正值而立之年；他的名字叫毒川。雖然他也像一名商務人士，身上穿著樸素的西裝，但雙眼透露出的目光比在場所有人都還要銳利。毒川深深吸一口氣，開始早晨的訓話。

「早安！」

毒川的聲音宏亮，響徹整個房間，而年輕人們也不甘示弱，大聲地回覆：「早安！」

「好——的，那麼，今天就從隨身物品檢查開始！每個人都要確實檢查，你們做這麼久了，應該也知道，可以帶進這裡的東西只有香菸、公司手機和現金。特別你們要是帶了會曝露身分的駕照、信用卡或自己的私人手機在身上，我當場就會把你們打個半死！」

從男子貌似上班族的外觀，很難想像他的聲音竟然具有如此震懾人心的魄力，他話一說完，年輕人便開始互相檢查彼此的手提包或西裝口袋，但短短不到一分鐘就已檢查完畢。因為幾乎所有人都只帶著現金和一支手機而已。

確認過沒有一個人「違反規定」之後，毒川再次用用宏亮的聲音發號施令。

「在今天的工作開始之前，按照慣例精神喊話。全體注意，立正！」

年輕人如軍隊般打直腰桿，雙手在腰部後方合握，先由一名代表者大聲唸出訓示，其他人也隨聲附和：

「嚴守九條禁令！飲酒！禁藥！女色！賭博！爭執！兼差！服裝！家族！銀行！」

仔細一看，毒川指向的白板上，有一張用磁鐵固定住的色紙，上面用馬克筆以粗大的字體，寫上眾人複誦的標語。年輕人一句一句跟著毒川複誦，但看似每個人都已牢記，沒有人轉頭望向色紙，全都朝向正前方。

「好，那今天也請多指教了！」

「請多指教！」

毒川一聲令下，所有人終於開始工作，年輕人臉上緊張的表情依舊沒有鬆懈，紛紛圍著會客桌椅就座，打開手上的資料夾。看來這裡的編制是三個人一組，總共有三組。

「昨天業績怎樣？」

「我想至少有八十。」

席中兩人低聲交談，另一名年輕人在一旁扭動脖子，發出「啊、啊——、啊——」的聲音，做著發聲練習。三組人馬各自在會客桌入座之後，毒川輪流發給每個人一隻手機和一瓶飲料。

╋他們的目標是？

說到這裡，各位認為這家事務所，到底是做什麼的公司？

事實上這裡的真正面目，是目前受害案例持續攀升，「特殊詐欺犯罪」當中最基礎的「冒名詐欺」（偽裝成家屬或親戚，利用打電話的方式來詐取金錢。原文直譯「**是我是我詐欺**」或「**我啦我啦詐欺**」）桶仔（店鋪、事務所＝現行犯集團，亦即「詐欺機房」）。而上述情況，已是這裡每日清晨的日常流程。以上內容是我根據過去採訪的詐騙集團組織「大掌櫃」之後，如實描寫。這些像上班族的年輕人，現場稱呼為「機仔手」（Player），也就是打電話給被害者的成員。他們在這裡所做的事，就是扮演「電話另一端看不見的角色」，並主導在社會上引起軒然大波的詐欺犯罪。

二〇〇九年左右，我初次獲得機會，有幸採訪詐欺桶仔的運作模式，那時候受到的文化衝擊，令我至今難忘。**詐欺無庸至疑是犯罪行為，在組織中工作的所有人也都是罪犯**，因此這家事務所就像住滿了一群漫畫裡經常出現的那種「絕非善類」的年輕人。一般人可能會覺得根本就是個異世界空間，而我自己第一次接觸這些詐欺工作現場的成員時，也是抱持著相同的想法。

然而與這些在詐欺現場工作的人們聊得愈是深入，我便愈是感到茅塞頓開。詐欺現場工作環境，是個管理十分嚴格的集團。內部成員的所有行動，一舉手一投足皆受到嚴密控管，每項規定都有其道理所在，相對的，組織也禁止一切無意義的行動。如此重視合理流程的工作環境，令人不禁為之讚嘆不已。而徹底管理組織的原因為何？答案就是「不管發生什麼事，絕對不能讓警方查獲詐欺桶仔」。

整個集團竭盡所能的管理目標只有一點，就是「不讓警方查獲」。其實，前文描述「詐欺桶仔的早晨」當中，就有許多防範警方查緝的對策。

舉例來說，從車站到事務所的途中，同為機仔手的成員彼此絕對不打招呼，原因在於避免他們建立友誼關係，以免一旦某個人被逮捕，警方就會順藤摸瓜將組織一網打盡。在詐欺店鋪工作的期間，組織嚴禁他們互相交換聯絡方式，就連下班後相約去喝一杯，被發現的話也會受到嚴厲的制裁。根據每家店鋪的方針不同，有時候甚至禁止成員告知對方本名，他們在工作時都以「化名」稱呼彼此。

另外，他們穿得像樸素的上班族，是為了避免太過招搖，使得通勤途中的路人或大樓裡其他公司員工，認為他們公司「聚集了一群怪人」，所以詐欺桶仔對員工服裝儀容的要求，堪比國中與高中的校規。從髮色到長度、西裝的顏色和皮鞋的類型，甚至是手錶等級都有規定，一般年輕人流行的耳環或配件，當然是一律禁止。若是身上有刺青，就算是炎熱的盛夏也不准脫掉外套，或是捲起袖子。有些人眼神比較銳利就必須戴上眼鏡，若身上有明顯的傷口就必須貼上藥用膠布，上述事項都執行得十分徹底。

另一方面，每一個詐欺店舖都事先縝密思考，萬一警察闖入桶仔該如何防禦。舉例來說，在電梯裡握拳「敲擊」按鈕，是為了避免在樓層按鍵留下指紋，日後成為搜查的資料。而因前科記錄被警察採過指紋的成員，其中有些人甚至會在指尖塗上一層膠，乾掉之後形成一層薄膜。

嚴格檢查身上持有物品，原因在於萬一警察闖入桶仔時，也無法找到任何會透露身分的線索。只要禁止成員攜帶一切證件，真出事時，機仔手只要想辦法逃過現場的查緝，之後便不會有事。當然，駕駛自己的汽車或摩托車來上班，也是嚴格禁止的行為。因為開車的話就要帶著駕照，就算沒有把駕照帶進桶仔，調閱附近的監視器影像，也能查出機仔手的車牌號碼，最終可能鑄成大錯。

而且幹部會再三叮囑，上述的管理規範不僅在桶仔工作時必須遵守，機仔手在勤務時間以外的私生活中，也很容易被警方盯上。先前眾人複誦的奇妙標語「嚴守九條禁令」，就是為了避免成為警方的重點關注人物。這九項禁令正是機仔手的日常生活準則，除了能夠排除警方與周遭親友的懷疑，而且也是警方祕密偵查時的重點查緝項目，因此每天早上複誦的目的，就是讓成員徹底避免養成禁令提及的習慣。

以第一項禁令「飲酒」為例，當詐欺工作帶來巨額收入，有人可能得意忘形、跑去風化場所當起大爺，勢必會引起他人懷疑：「這小子看上去沒幾歲，手頭竟然這麼闊綽？」因此，必須禁止成員出去花天酒地。濫用禁藥當然也是不被允許的行為，其實在這個業界有一項默契，就是只要留下濫用藥物的記錄，當事人就不准踏入詐欺桶仔。另外，如果向女人炫耀自己的工作，「那傢伙靠詐欺在賺錢」可能很快就會流傳開來。有時候因為賭博或爭執遭到逮捕，最後可能會因為警方的逼問，進而透露出自己與詐騙集團的關係，若兼職從事其他的地下產業（**違法的工作**），也伴隨著因其他案件被逮捕的風險。

服裝規定也是一樣的道理，穿得太高級也可能因為出手闊綽，而令親人產生懷疑。最後一項是銀行，透過詐欺賺取的金錢，千萬不能存在用自己名義開戶的戶頭。因為一個表面上沒有正職也沒納稅的年輕人，突然存有鉅額款項，肯定引起國稅局注意，並且很可能招致警方查緝，因此，組織規定賺到的報酬必須以現金的形式收藏起來。

這些機仔手在私生活方面也都兢兢業業，徹底排除自己可能招致懷疑的因素。

各位看到這裡，心裡有什麼想法？透過採訪詐騙集團成員，我的感想已經超越驚訝，甚至很多時候令我感到佩服。

當然，並非所有詐欺店舖都採取如此嚴密的管理。其中有些一看就是以不良少年作為主要成員；詐騙集團架好桶仔，開工數週就有機仔手被逮捕的案例也時有耳聞。然而，這些組織只能算得上是二流，若是如先前所述，實施嚴格管理的一流詐騙集團，各自都有獨創的管理方式，也就是說他們已經開發出一套「標準化流程」。

更叫人驚訝的是詐欺業界進步的速度。冒名詐欺的被害人數遽增是在二〇〇三年，自此之後已經過了十一年，但事實上，自二〇〇三年起短短三、四年左右，詐騙集團的組織管理就已經發展出標準化流程。而隨著時代變化，這些流程的進化在拙作《轉帳詐欺犯罪結社》（寶島社）一書中有詳細整理，但在此希望各位能夠稍微思考一下：到底這些詐騙集團，鎖定為詐欺目標的人是「誰」？

決定詐欺目標時，絕不是憑藉亂槍打鳥來選擇。這些經歷過嚴格管理培育出來的成員，打從這種犯罪型態現世，至今已經累積多年經驗。當然，他們針對「能夠最有效率詐欺，並且奪取高額金錢的對象是誰」這一點的考察，可說已徹底達到爐火純青的地步。

現在的日本，**擁有最多現金而且最好騙的對象**，必然就會成為詐騙集團鎖定的目標，而這群人就是——高齡者。

＋「老人詐欺」的手法不斷「進化」

事實上，現在的詐騙集團已經進化，將主要目標鎖定為高齡者，並從中奪取現金，這樣的說法也不為過。

其中進化速度最快的組織，是提供對象名冊資訊給詐騙集團的「協力業者」，也就是名冊業者。沒錯，現今的詐欺絕對不是隨便抓起手邊的名冊就開始打電話。在開始工作時，記載對象的名冊是絕對必要的工具。

話雖如此，二〇〇三年—二〇〇四年可謂冒名詐欺元年，當時的做法是以ＮＴＴ發行的電話簿（Hello Page）為主，篩選出看起來像是高齡者的對象，再以地毯式搜索一一撥打電話，是一種很沒效率的方法。根據當時現場機仔手的說法，他們會先把女性高齡者用螢光筆標注起來，她們的特徵是「名字只有一個字」或「用片假名或片假名標示的名字」，接著再撥打電話行騙。

這樣的做法還是造成了一些受害者。選定這種目標的原因在於，若電話簿的姓名登記者為女性，該戶極有可能是男性配偶已辭世的高齡女性。若是未與孩子們同居的話，就是身邊無人可以商量的獨居高齡女性，而這樣的對象正是詐騙集團的最愛。但是，即使抱持著亂槍打鳥總會中的精神，不停撥打電話尋找可能目標，但此舉仍舊欠缺最基本且重要的資訊，那就是「對方到底有沒有支付現金的能力？」

在這種情況下，就是「名冊業者」上場的時機。話雖如此，但這裡說的不是「普通的名冊業者」。聽到名冊業者這個詞彙，任何人腦海裡首先浮現的，應該是提供名冊協助DM（Direct marketing，**直接行銷**）的業者。有時候我們會在信箱裡發現，不曾接觸過的企業寄來宣傳郵件。這些業者都是接受企業委託，將人們編列成不同屬性的名冊，再依照需求製作宣傳郵件並寄送，也就是廣告代理業裡的名冊業者。然而，涉入詐欺案件的名冊業者，儘管與DM業界的名冊業者類似，本質卻不相同。

這些名冊業者一開始就跟非正派的拜訪販售業者或郵購業者掛勾，將既有的購買者（**受害者**）名冊整理成冊，提供給惡質的傳銷業者或犯罪集團，可說是隱居幕後的援助者。他們將這些受害者名冊稱為「肥羊名冊」，舉例來說，有人因為拒絕不了強迫推銷而購入高價棉被，接下來連日遭受高價淨水器銷售員、耐震補強裝潢業者或期貨營業員登門拜訪推銷，這種事情時有所聞，原因就是他的名字已經登錄在肥羊名冊。甚至還聽說，這分名冊流入報社的代銷營業所，結果有人被強迫訂閱全國所有的報紙。

簡單來說，天生就「不擅長拒絕」、認為花錢了事更方便的人，不管遇上強迫推銷多少次，最後總會被說服。而肥羊名冊就正利用這樣的心理特質，收集了合適的人選。

當然，詐騙集團鎖定的目標，也是這類「不擅長拒絕」的對象，在詐欺桶仔設立初期，都是由名冊業者將整份肥羊名冊賣給詐騙集團。然而，取得名冊也只是最基本的步驟。

詐騙集團的需求非常明確，就是想要「更好騙」、「擁有更多金錢」的高齡者名冊。因應這樣的需求，名冊業者又發展出新型態。事實上，前述一般DM類型名冊業者，也擁有大量的高齡者名冊。也正因為如此，名冊上記載的資訊，在多數情況只有本名、地址和電話號碼而已；最多再加上出生年月日，就算得上是品質優良的名冊了。再過一陣子，名冊業者還會直接與名冊中記載的高齡者聯絡，補上各種附加資訊，才將名冊提供給詐騙集團。

「強化資訊」這件事，在詐欺業界裡，可說代表著名冊業者的進化。

✚鎖定高齡者的「詐欺調查」

首先介紹名冊業者的調查方法。他們主要的手段就是「偽裝調查」，例如假借施政滿意度調查、冒充當地警察以防治犯罪為名進行調查，或以地區社福的名義，詢問高齡者居住狀況或做安全調查等，各位在家裡接到這樣的電話，會怎麼應對呢？

某個平靜的午後，高齡者家裡響起電話鈴聲。接起後，對方是一名聲音沉穩的男性。

「很抱歉在百忙之中打擾，這裡是◯◯警察局生活安全課。為了預防以高齡者為目標的犯罪行為，接下來會詢問您幾件事，並確認您的人身安全。請問您現在有時間方便受訪嗎？」

唉呀，太感謝了，還勞煩您特地打電話來。此時我們彷彿能看到一名高齡者，對著話筒低頭道謝的模樣，但這一切都是偽裝調查的手法。

對方應該是「偽裝」公家機關的名義，利用確認高齡者居家安全，或社會面的調查業務為由，撥打電話到高齡者住家。一般來說，接到這樣的電話都會據實以告，而且若在此時展現出懷疑的態度，或許還會被揶揄為「疑神疑鬼的老人」。然而，這樣想就太天真了。

上述的調查工作，詐騙集團稱之為「探路調查」，通常是由名冊業者親自執行，或是詐欺機仔手離職後自己創立「探路公司」，承接打電話探路的調查業務。而這項工作收集的資訊種類，全都遵照詐騙集團的要求。舉例來說……

- 現居住處是自有或租屋？
- 獨居亦或與家人同居？
- 若配偶已辭世，則調查其姓名與死亡年月日。
- 若為獨居者，則調查其與小孩或家人、親戚連絡的頻率。
- 經濟狀況是否不穩定？名下不動產、有價證券以及手頭現金合計總額。
- 金融資產是以現金型態（藏在家裡）保管？或是存入銀行帳戶？
- 遇到問題時，身邊是否有人能夠商量？
- 是否接受居家看護服務？若是，則調查來訪頻率與服務型態。
- 是否因健康問題煩惱？是否有判斷力減弱，或罹患失智症的風險？
- 是否曾遭受不肖傳銷業者欺騙或強迫？
- 緊急危難時的聯絡對象，其姓名、住處、連絡方式、公司和所屬部門等。

上述資訊極為隱私，但探路的歹徒冒充公家機關人員打來，而且還刻意展現出「傾聽煩惱」的態度，高齡者自然會如實回答，這種情況其實頗叫人擔憂。因為高齡者大多懷抱著各種煩惱，也就很容易成為詐騙集團鎖定的目標。

而最糟糕的一點是，一名擁有探路公司工作經驗的受訪者告訴我，愈是「容易成為詐欺目標的高齡者」，回答問題時就愈是仔細，甚至於根本還沒發問，他們也會自動自發全盤托出，不管花費多長時間。或許高齡者是因為獨居而感到孤獨與不安，才會抓住機會就找人說話，而探路公司也就能夠乘虛而入。而且，就算歹徒冒充公家機關名義，打電話來騙取個人資料，在此階段也不會成為警方大舉搜查的對象。前探路公司員工表示：「最多也只能算是有禮貌的惡作劇電話而已。」

上述經過調查取得的資訊，在整個詐欺過程中，能夠發揮什麼樣的價值呢？並且，又鎖定了什麼樣的目標呢？

首先，第一點也是大前提，就是「有錢可以付給詐騙集團」。過去，詐欺犯罪的主要收款手法，是透過銀行電匯，因此擁有「足夠的存款」是必備條件。但隨著金融機構防範犯罪的對策愈來愈嚴謹，現在收款手段都改為「當面交付」、「宅急便或簡易包裹（郵局小包）」，因此最佳目標就變成把現金藏在家裡的人。無論如何，沒有積蓄的高齡者，對詐騙集團而言只是浪費時間的對象。

再者，獨居的高齡者大都較少與孩子或社區交流，算是被孤立的一群人。若是對方在電話裡提及，自己因為判斷力降低，遭到不肖傳銷業者欺騙，但卻找不到人商量，只能含淚作罷，這樣的資訊更是珍貴。原詐欺機仔手在探路公司工作時，甚至可以透過對方的反應和語氣，瞬間判斷出「好騙的類型」。

下一步，就是繼續打聽對方有沒有分居的子女或親戚等詳細資訊。只要能夠調查到這種地步，就能編寫出詐欺的劇本。在特殊詐欺犯罪當中，最經典手法莫過於冒名詐欺，而最基本的手法稱為「三方聯手」，以下就是劇本範例。

喂，我是健介……

現在時間是上午九點。到桶仔上班的機仔手，檢查完身上攜帶的物品並完成「晨訓複誦」後，便三人一組在會客桌坐下，這間桶仔的「桶仔主」毒川默默按下匣式播放器的開關。然而，播放器傳出來的並不是音樂也不是廣播節目。震耳欲聾的聲音使得揚聲器振膜不停顫動，從中傳出人潮洶湧的嘈雜聲，接著是電車的聲音。

「三號線即將進站的是，往川越的通勤快速電車。為避免發生意外，請候車乘客退至白線內側。」

這段廣播內容，相信任何人都很熟悉，就是車站月台上的聲音。但是不知道為何其中還混雜著電話鈴聲等，像是「辦公室的聲音」。

喧囂的事務所當中，一名年輕機仔手，臉上露出緊張的神情，手裡拿著一部行動電話，同時，面前擺了一本整理過的名冊。只見他仔細閱讀名冊上記載的資訊，深呼吸一口後，便按下通話鍵。

另一頭接電話的人，似乎是一名高齡女性。

「喂喂……喂，我是健介……。呼……我……」

這邊的年輕機仔手雙肩瞬間下垂，同時發出沙啞的聲音，宛如一名瀕死的病人。而機仔手冒充的健介，好像就是接電話這名女性的兒子。聽到兒子的口氣明顯有異狀，女性也驚惶失措地說道：「健介？健介嗎？你怎麼了？」而年輕機仔手只是朝著手機話筒，不斷嘆氣。

接下來，另一個年紀稍長的機仔手接過手機，對那名女性說：

「喂，請問您是守口健介先生的母親嗎？這裡是JR埼京線大宮站鐵路警察局，我叫杉山。本日八點半左右，健介先生因為涉嫌在電車裡對女高中生性騷擾而被逮捕，現在正在做筆錄……」

此時，三人組當中第三名男性機仔手，粗魯地從「鐵路警察杉山」手中一把搶走行動電話。接著用驚人的音量對著話筒吼叫。

「喂！被你兒子性騷擾的女高中生，是我的女兒！聽到女兒在電話裡一直哭，我馬上就趕過來了，可惡！都是你兒子害的！」

這名機仔手扮演的角色，是性騷擾被害人的父親。扮演父親和鐵路警察的兩名機仔手，開始假裝互相搶奪手機，同時刻意向電話另一頭的女性傳達各種訊息。

「等一下，這位父親，不要這麼激動。」

「囉嗦！今天換成是你女兒，被人家欺負到哭成這樣，你吞得下這口氣嗎？」

「冷靜一點！再這麼下去，連您也會被逮捕哦！」

豈有此理！扮演父親的機仔手露出不服氣的表情，並且用力踢了一下會客桌，發出巨大聲響。當然，這聲巨響應該也傳入電話另一頭的女性耳中。

最後，扮演鐵路警察的機仔手，再次搶回電話主導權。

「很抱歉，現在這裡一片混亂。言歸正傳，依規定我們必須馬上將您的兒子健介，移送到這個轄區的警察局，在拘留所等待開庭審判，但他本人已經百分之百認罪，而且希望可以與對方和解。一旦進入和解就屬於民事案件，我們警察就不再介入……」

這個時候，性騷擾被害人的父親，又粗暴地搶走行動電話。

「誰要跟你們和解！妳到底是怎麼教小孩的啊？今天這件事，妳也有責任！身為母親應該先道歉吧！我家女兒啊，中學時代因為校內霸凌的關係，一直都不去上學，現在好不容易打起精神去上高中，正是關鍵時刻！你家的兒子，就這樣把我女兒的人生毀掉，這不是錢能夠解決的事情！剛才問了才知道，是東日本銀行的社員？在那種大企業上班，竟然還能當到課長!?妳兒子到底是有多垃圾！我要把你兒子的名字和公司，還有他的性騷擾行為都上網宣傳，還會到他公司附近和客戶那裡去發傳單！」

這個時候，扮演父親角色的機仔手，面紅耳赤不斷痛罵，還因為演得太激動而渾身是汗。此時，在一旁同樣表情嚴肅的鐵路警察，再次奪回行動電話。

「你不要再鬧了啦！健介的母親，對方現在情緒還很激動，很對不起，雖然現在還不需要，但是等一下對方會派公司的下屬去妳家，到時候，妳把準備好的和解金交給對方就可以，您意下如何？等一下還是會給健介先生做一份筆錄，就屬於民事案件，也就不關我們警察的事。等對方簽下和解書，妳兒子也可以直接去上班了……」

接著演父親的機仔手，又氣急敗壞地把電話搶走。

「老太婆！這可是我女兒的人生哦!?我也是身為人父，該有的忍耐我也給足了，妳竟然還以為用錢就能解決!?那妳就把所有錢準備好！」

三個人演出的詐欺劇

這就是三方行騙的劇本，而且可以說是最經典的一種，俗稱「鐵警」（鐵路警察）的手法。

三方行騙是由三名機仔手各自扮演不同角色，讓被害人誤以為是真的警察，也可以說是「戲劇型詐欺」。每個機仔手都好像劇團演員。那麼，上述劇本中，是將被害人的心理逼迫到什麼狀態呢？讓我們更加仔細，去觀察機仔手的任務。

首先，基本的構圖是鎖定的高齡者家裡，有人犯下「無可挽回的過錯」。三人各自扮演以下角色，「目標的家人＝加害人」（**健介**）、「被家人傷害的當事人」（**性騷擾被害人的父親**）、「非當事人的第三者」（**鐵路警察**）。

一開始兒子這個角色，就只是打電話到目標家裡報上名字，幾乎不需要說話。或者說，對話拖得愈長，可能使對方懷疑通話對象不是自己兒子，因此他只需演好一位因為性騷擾被捕，內心不知所措，害怕失去生存於社會上的一切，聲音沙啞、泣不成聲的男性。同時也因為受不了心裡沉重的罪惡感，陷入一句話都說不好的狀態。

第二個角色是受害者，又叫做「憤怒角色」。總之就是因為受害而處於盛怒，不斷使用各種言語恫喝。甚至還說司法制裁也無法讓自己息怒，不排除採取私人手段來處理。整體演出的重點在於，表達憤怒到「不打算用金錢來解決」的想法。

最後是鐵路警察這個角色，對於被逼入絕境的目標而言是「救星」。三個角色裡唯一保持冷靜，一邊安撫受害人，並告知若能達成和解，就可以不用進入司法程序。若不幸被逮捕，失去的社會信用將難以估計，但只要達成和解，就能夠避免被逮捕、革職，講得好像這項提案是「特別通融」。

要是真的上警局接受審訊並遭到拘留，就必須向公司請假，讓公司知道肯定會丟了工作，之後還要入監服刑。但是，如果能準備和解金，在這個階段把事情處理掉的話，就能避免社會地位和信用受到傷害。換成是各位，會選哪一邊呢？高齡者就這麼在不斷地壓迫下，做出對方期待的判斷。

只要改變三方行騙的劇本角色，就能創造出非常多套路。

例如分配以下三名角色，「和同事的老婆搞外遇，結果讓對方懷孕的兒子」、「當事人的同事」和「擔任仲裁的律師」，就可以逼迫高齡者：「是要和解還是要讓這件事公諸於世，然後丟掉工作？」另外三種角色還有「盜用公款的兒子」、「因為資金被盜用，公司快倒閉的經營者」和「希望員工家屬暫時出借一筆錢，幫助公司度過難關的專務董事」，還有「發生交通事故的兒子」、「被車撞到而流產的孕婦丈夫」和「對方委託的律師」，套路種類可說相當繁多。不管是哪種套路，基本的詐騙邏輯共通點，就是詐騙集團機仔手必須統一說詞。

行騙時的重點在於，除了扮演兒子以外的另兩個角色，總是交互接聽電話，藉此擾亂受害人思緒，創造出一個走頭無路的情境，同時伸出援手，這樣的做法甚至能夠讓受害人主動哀求：「多少錢我都願意付，請您一定要救救我兒子。」這就是三方行騙的巧妙之處。

十讓被害人照著劇本走的方法

看到實際操作的過程，只能說十分高明，但其實這種三方行騙的劇本，在冒名詐欺萌芽的時期，劇情其實相對單純；甚至可以說，時至今日，正因為經過名冊業者、探路公司提供更深入的資訊，所以在執行詐欺任務的當下，被害人家裡的情況，都已完全在詐騙集團掌握中，這也是上述劇本能夠順利演出的主因。也因此，這種曾在詐欺業界成為「古老手法」的套路，才會再次被廣範運用。

舉例來說，讓我們重新觀察上述劇本，兒子角色打電話回去的時候，一開始就報上自己的名字，絕對不會說：「我，是我。」如果事先調查過當事人的妻子姓名，還可以一邊哭著說：「我不想讓美佐子知道。」

另外，父親這個角色的發言中，也包括兒子上班的公司和職位。如此一來當然能夠提高可信度，或許被害人心裡還會認為：「詐騙集團不可能知道這麼多。」只要知道兒子的公司和部門等詳細資訊，仲裁角色就不必侷限於鐵路警察，還可以改編劇本，把該角色換成「兒子公司所屬部門的上司」。這些都是靠著探路調查，補充詳細資訊的成果。

關於提出和解的金額，只要掌握目標的資產狀況，就能夠提出具體的支付金額。如果知道對方有把金錢藏在家裡的習慣，再加上身邊沒有可以商量的人，就可以用以下的話術：「我們會派機車快遞到你家裡去收錢」或「希望你在三十分鐘以內，把現金裝進快遞包裹，寄到指定地址」，明確規定時間讓目標感到焦急，而人們在頭腦混亂的情況下，同時也會失去判斷力。

這種補充詳細資訊的名冊，就是增加詐欺話術真實性的工具，而且可怕的地方還不止如此。專業的詐騙集團機仔手表示，只要妥善利用探路公司處理過（**強化資訊**）的名冊，「就算對方半信半疑，甚至確定我們是在詐欺的情況下，還是能夠騙到錢。」這句話到底是什麼意思？

十徹底掌握被害者

詐欺現場的機仔手，一天裡大約要打幾十通這樣的詐欺電話，隨著經驗累積，成長為熟知目標被害人心理的專業人士。最後的結果，就是建立起上述那種叫人難以置信的邏輯。

例如，當目標的高齡者心想：「感覺哪裡怪怪的，該不會是詐欺吧？」電話另一頭就會開始扮演盛怒的「被害人角色」，不停地大聲吼叫。而電話另一頭的機仔手在對話中，會透露出以下訊息，不僅知道被害人的住處，就連兒子的地址和公司、所屬部門，還有孫子的名字和就讀學校也都瞭若指掌。在這樣的情況下，身為目標的高齡者心理將陷入什麼樣的狀態呢？

要是斷定這是詐欺而把電話掛掉，萬一對方不是詐欺，兒子將從此無法在社會上立足。因此，若懷疑是詐欺而向警方報案，結果並不是詐欺的話，別說是和解，就連兒子也將被逼入絕境。

大多數的情況下，被害人都敵不過內心的糾葛，最後手頭上的積蓄就這麼被奪走；但是，機仔手想得又更加深遠。

即使肯定：「這應該百分之百是詐欺電話」，有一類型的被害人，內心仍舊充滿不安，程度或許和「兒子將無法在社會上立足」相仿，甚至更加擔心。因為，在機仔手靠著資訊豐富的名冊打電話過來那一刻，被害人就會知道，電話另一頭的詐欺犯，已經掌握了重要的家庭成員個人資料。如此一來，被害人心裡浮現的不安，就是被害人本人或孩子、孫子，或許會遭到「詐欺犯報復」。

「要是真惹毛我，我就給您點顏色瞧瞧：去妳家放火，還是送妳兒子或孩子上西天，反正我們幹詐欺這行的，殺幾個人也不是什麼大不了的事。妳好好想清楚。」

實際上，詐欺工作現場流傳著這麼一句話：「S是恐嚇」（**S是詐欺的黑話**），原因就在這裡。當目標陷入不安時，機仔手則會利用極具魄力的態度，持續激動地大聲喧嘩，此舉便能達到相乘的加倍效果。

舉例來說，我們走在路上聽到一個男人，用粗暴的聲音大聲喧嘩、與人爭執，即使事不關己，有些人還是會感到害怕，這種人就是對暴力的忍耐性和抵抗力不足。一名曾當過詐欺機仔手的探路公司員工，就能利用具有威脅力的言語「評估對方反應」。

在經過各種補充的名冊裡，如果有些目標記載著「毫無暴力耐力」，恐嚇角色所說的話就等於是暴力的預告，目的在於就算被害人斷定是詐欺而掛斷電話後，仍舊會擔心日後會不會遭受暴力報復。

實際上，九成九的詐欺機仔手都不會直接報復被害者。也就是說，詐欺犯罪並不會直接加害被害人。他們的最終目標，只是避免和對方見面，只憑藉電話中的演技來騙取現金。實際上加害對方的行為，等同於「幫助警察搜查」，一旦判斷騙取不到金錢，詐騙集團就會馬上對該目標失去興趣。

如果被害人能夠冷靜思考，應該就會了解上述的道理，但因為受到脅迫，很容易陷入「假設有一％的機率被報復，還是花錢消災，讓對方不要再打電話來」這樣的想法。

這就是為什麼工作現場的機仔手會說：「就算被懷疑是詐欺，還是能拿得到錢」。這種情況已經不是詐欺，而是威脅與恐嚇，然而，一旦知道對方已獲得自己的詳細資訊，為了完全化解被報復的不安，勢必聘請多位保鑣，看守自己的住所和兒子的住所、公司，甚至連孫子也需要聘用保鑣，再不然就是搬家，否則很難放下擔心的想法。

但是，這樣的想法就正中對方下懷。說到底，「花錢消災」這樣的心理，就與強迫推銷的人坐在玄關，「為了把他趕走，只好購入高額商品」是完全相同的心理狀態，而這些在非法業界工作的人們，對於被害人心理可說是瞭若指掌。因此，詐欺機仔手更不可能放過這樣的被害人。這種一再受害的目標，在詐騙集團機仔手當中，稱之為「噴出」

（Fever）狀態。

所謂「噴出」狀態，意指被騙過一次的目標，還會再繼續被騙第二次、第三次，就像「加飯免錢」一樣，還可以騙取更高額的金錢。「噴出」的語源來自柏青哥，當達到特定條件，機台開始無限噴鋼珠，便稱為「噴出」。

對經驗老到的機仔手來說，就算接電話的目標語氣再怎麼故作鎮靜，但其實受到內心的恐懼影響，已經陷入混亂狀態，這一點絕對騙不了老手。當機仔手判斷目標已經屈服於暴力脅迫，此時採取的方針就是設計各種詐欺手段，讓受害人一次又一次付出金錢。被害人太過恐懼報復，也不敢跟警察或任何人商量，只能一而再、再而三被騙取金錢。

在詐騙集團裡曾管理多名機仔手的現任大掌櫃說過：「有一個被害人連續付了九次錢，卻一次都沒找警察幫忙」，現場的機仔手只花了兩週就從對方手中拿到六千萬日圓業績。對他們而言，這樣的目標的確就像不斷噴出鋼珠的柏青哥機台一樣。

看到這裡不知各位有什麼想法？在採訪詐欺加害者的過程中，真正叫人感到痛心的一點，就是聽到「被詐欺的人，都是因為自己愚蠢」這句話；但我想告訴大家：追根究柢，實際情況其實非常複雜。畢竟騙人的一方，都已經身經百戰，技術可謂爐火純青。

詐騙集團是一個經過徹底嚴格管理的組織，每個機仔手也都費盡苦心，磨練角色扮演的技術；再加上名冊的精確度也急遽提升，所以受害的情況一直都未減少。

而且先前提到的冒名詐欺，在多數特殊詐欺犯罪中，屬於架構最簡單的類型，而三方行騙劇本的邏輯，充其量更只是其中最經典的套路。在詐騙集團眼中，這種套路甚至被揶揄為「傳統技藝」，或許有人會認為：「既然已經行之有年，應該有辦法可以避免民眾繼續受害吧？」

然而，現實情況卻是更加惡化。承上所述，實際上詐欺店舖掌握的技術水準各有高低，其中有些詐騙集團聚集了熟練的機仔手與資訊豐富的名冊，也就是所謂「專業」詐騙集團，在二〇一三年左右，又開發出新型態的手法。包括「自製名冊」與「強化目標資訊」，以下且聽我細述具體做法。

承如上述，各位應該還記得ＤＭ產業的名冊業者。本來日本就存在許多提供名冊作為商品的合法業者，主要業務是協助各個業界的經營者；最讓一般人記憶猶新的事件，就屬倍樂生（Benesse）洩漏客戶個資一案。

十個資外流的去向

該事件起因為系統工程師（System Engineer）洩漏個資，實際約有二三〇〇萬件名冊流出，並轉賣給名冊業者。這起倍樂生洩漏客戶個資事件，帶給社會極大的震撼。亦有報導指出，工程師賣出的名冊又被轉賣，最後成為知名英語補習班ＥＣＣ以及大型ＩＴ企業佳思騰（Just Systems）等企業的推銷名冊。

實際上，從詐騙集團的眼光來看，倍樂生的客戶個資就是一份「家有學齡兒童」的名冊，與集中鎖定高齡者的詐欺名冊性質不同，因此據說並未遭到轉用。然而，最近發現實際狀況並非如此，即使是正式掛牌經營的合法ＤＭ名冊業者製作的名冊，也有一些與詐欺掛勾的非法名冊業者開始大量收購。

倍樂生事件剛過不久，我採訪過一名詐欺名冊業者男性員工，由他口中得知：

「利用ＤＭ名冊業者的商品來挑選目標，在冒名詐欺剛出現時確實有人這麼做。舉例來說，二〇〇四年—二〇〇五年左右，冒名詐欺的目標都鎖定學校老師或醫院醫師的家屬，那時候都是從醫大學生名冊尋找符合條件的醫師，每年四月公立學校也會發行教師異動名冊，這些都是可利用的基礎資訊。現在詐欺主要鎖定的對象是高齡者，ＤＭ名冊業者擁有許多細分屬性的個人資料。例如，不動產發資者名冊、公務員退休在家者或大型企業退休者的名冊、出租公寓持有者名冊、高爾夫球場會員名冊等。要拿到這些資料並不困難。而且有些名冊都已經數位化，如果把這些名冊和我們手頭上的肥羊名冊合併成一個檔案，再用比較功能來觀察的話，你覺得會發生什麼事？

「我們可以馬上找到在雙方名冊都出現的人名，而且這些對象很容易受騙。多虧有了這些資訊，我們只要一瞬間就能篩選出合適的目標。」

而實際上如果是平常有上網習慣的成員，更可以透過搜尋引擎找到ＤＭ名冊業者提供的名冊清冊，例如：「富裕階層退休者」、「航空公司退休員工」、「渡假村會員」、「貴重珠寶購買者」等。到底這些名冊的出處為何呢？從上述的例子應該可以看出，將這些資訊當成商品提供給他人，其實可以說是遊走在法律邊緣。

名冊業者剛才所說的篩選，一般人也能夠輕易聯想得到。

舉例來說，名字出現在高額資產擁有者的名冊人，如果也出現在高齡者照護設施等申請名冊中，這代表什麼意思？其實這種人就符合「身上有點錢，但行動力和判斷力已經大幅下降」這兩項條件，正好就是詐騙集團最喜歡的目標。

當然，ＤＭ名冊業者提供的名冊，幾乎都只記載本名、出生年月日、電話號碼和地址等基本資訊，光憑藉這些資訊仍不足以用於詐欺。然而，如果再加上先前提及的採路調查，就能彙整出「最強詐欺名冊」。

現在，詐欺業界正暗中製作上述的最強名冊，並且不斷向DM名冊業者購買素材。我採訪的男性詐欺名冊業者更表示：「單純只用高齡者名冊來詐欺，成功率只有〇．二五％左右，若使用補充過資訊的名冊，成功率就能提高到四〇％。」暫且不論這些數據的可信度，但這樣的情況確實叫人震驚。

老人詐欺的潛在受害者

再加上最近這一年，詐欺名冊業者與詐騙集團的關係，也產生了極大的變化。現任詐騙集團大掌櫃這麼說：

「我們很自然地發現，名冊是影響業績的最重要因素。過去我還在當基層機仔手的時候，向靠不住的材料店（**名冊業者**）購買生鮮名冊（**還沒補充資訊的名冊**），一筆資料的單價只要三日圓（**約新臺幣八角**），但使用這種名冊打電話過去，竟然遇到一個老太婆暴怒地說：『這個月已經接到十二次一樣的電話了！』那份名冊不知道已經有多少同行使用過，從名冊上文字模糊的程度來看，好像已經拷貝了很多次。相較之下，若使用專業材料店料理過（**補充資訊**）的名冊，（**業績**）真的提高很多，但每筆資料的單價也就更貴。還沒有任何店鋪使用過的名冊，我們稱為第一手名冊，提供這種名冊的業者也會坐地起價，一開始交出名冊時就要支付一、兩百萬日圓（**約新臺幣三十至六十萬**）。而且如果成功得手，還得支付業績金額的一〇%。」

名冊業者敢這樣收費，應該是對自己提供的名冊相當有自信。從我在採訪過的案例來看，詐騙集團和名冊業者相關成員，雙方的年齡層就不相同。詐騙集團大約都是二十多歲，年紀最大也只有四十多歲。而名冊業者基本上都是三十歲後期，其中也有六十多歲的人。這些人就是所謂「專賺黑心錢的人」，亦即一些在惡質產業相關環境下生存的人們。他們看起來就是經驗豐富的前輩，有時候也會幫忙詐騙集團指導桶仔的運作，可以說是一群難以應付的人。

「好幾次我真的很想把那群人抓起來殺掉。與其一直讓他們予取予求，倒不如把以前在桶仔當過機仔手的前輩找來，自己創立一支探路團隊（**以DM名冊業者的名冊為基礎，打電話去騙取個資，補充資訊內容的團隊**）還比較快，當過機仔手的人，比材料店的人還了解什麼是必要資訊，比如目標的犯傻度（**因年紀增長，判斷力下降的程度**），或者對方害不害怕脅迫，或是說就算還沒犯傻，卻不可思議地容易被詐欺；在桶仔工作過的人，馬上就能判斷對象是不是具有這些特質。」

這就是所謂「自製名冊」，意即過去外包給非法名冊業者的業務，現在由詐騙集團收回來自己執行。而這樣的變化，背後有兩個最大的原因。

首先，名冊業者提供的詐欺名冊，基礎資料都是向一般的DM名冊業者購得，但建立一個探路部門專門做調查，成本花費極高。而且有些名冊業者對於名冊的精準程度並不是那麼在意，有些業者甚至根本沒有足夠的資金去建立探路部門。既然如此，資本充足的詐騙集團就會想，不如自己成立一個部門來製作名冊。

接下來的第二個原因，是收取詐欺款項的手法已產生變化。

過去的收款方式正如「轉帳詐欺」一詞所示，詐騙成功的款項，大多都是轉入指定的銀行帳戶。但隨著各種規定愈來愈嚴格，所以改變為「當面交付」。具體做法就是由行話稱為「馬仔」（**「車手」為警方用語，業內人士並不使用**）的收款員，前往被害人的住家拜訪，並指使被害人交付款項。當然，比起由「漏珠仔」到銀行ATM提款，直接當面交付有很高的風險、會被以現行犯逮捕。

剛才提到的現任大掌櫃又這麼說：

「我們一開始就把馬仔當成犧牲品，但每次被逮捕大都是因為使用了便宜的名冊。像剛才那個連續接到十二次詐騙電話的人，一定會報警的嘛。而且，因為使用便宜名冊的關係，一些發射（派遣）馬仔的人力仲介也開始抱怨『沒有子彈』（人力）。既然因為名冊被害到這麼慘，公司高層（黑道幹部）就必須想辦法解決材料店的問題。對於幹我們這行的人來說，名冊可信度可說是攸關生死的大事。對我們基層分公司來說，高層（幹部）介紹的名冊業者，對業績的影響十分重大，這樣一直有問題根本就做不下去。既然如此，不如自己來製作名冊，現在我們已經不再像過去一樣委託材料店了。」

承上所述，現在詐騙集團使用的名冊，漸漸轉變為自己向DM名冊業者購入高齡者類別的名冊，再由另一個部門的探路團隊來強化資訊。這一切都是為了更有效率地騙取高額款項，而我隱約感覺到，這樣的變化影響有多可怕。

我會這麼說的原因，在於詐騙集團本身向DM名冊業者買到的名冊，包含現階段五十到六十歲，並擁有相當程度資產的人們。

「這個歲數的人，現在雖然腦袋還算清楚，但五年、十年後，應該已經開始失智犯傻了吧。名冊這種東西，只要完成一冊，就要使用到淋漓盡致。不久之前，有一些人利用昭和時代流行的原野傳銷，向一些擁有山林地的人說：『我已經找到買主，你只要支付測量和整地費用，保證賣得掉。』相信大家都還記得這種詐欺手法吧？這就代表那個時代的名冊，一直到現在都還有效。現在收集的名冊在十年、二十年後，應該還是能夠派上用場。」

這樣的做法，能夠讓名冊變成「資料庫」。也就是說，詐騙集團認為這種型式的特殊詐欺犯罪，在今後仍會繼續盛行十年以上。而將來最有希望成為詐欺目標候補的對象，就是「擁有資產並且平常有消費、投資習慣的人」，DM名冊業者已經大量收集這類名冊，並上市販售。目前實際情況是這些檯面上合法名冊的業者，主要業務為支援各種企業推動行銷活動，因此，在一般業界也是重要的工具。

想在短期間制定法規來約束這樣的情況，預計是件相當困難的事。即使目前仍年輕力壯的人們，在年老退休之後也都可能遭遇詐欺，因此，該問題絕非與己無關。

第二章

為什麼專騙老人的案件不會減少？

——詐欺本舖（股）的真面目

這些組織都嚴格遵守「切割原則」。
在詐欺店舖現場工作的基層機仔手，
就算知道掌櫃的存在，
也不會有過於深入的接觸。

＋「好騙」之外的理由

在第一章當中已為各位說明，詐騙集團利用多麼高明的技巧，鎖定高齡者作為詐欺目標。相信各位看了之後，應該不會再說出「被騙的人是因為自己蠢」這種話吧。實際上，高度分工的詐騙集團可謂鳳毛麟角，很多都只是虛有其表、有樣學樣而已，而這些模仿型的集團意外地很容易被破獲，但即使如此也絕對不能掉以輕心。

「再這樣下去，不光只是詐欺，鎖定高齡者的組織型犯罪，亦即『專騙老人』的犯行，就絕對沒有停止的一天。」

上述結論是我採訪各種犯罪的年輕加害者後，唯一可以斷言的一件事。

在這本書裡介紹所有詐欺手法，或許能夠寫出一部「防範詐欺手冊」，但我認為這麼做根本毫無意義，而且無聊至極。我甚至可以說，一些基本的詐欺手法和防範知識，在警察或消費者生活中心等單位，都已經網羅不少資訊，只要詳閱這些單位發放的手冊，應該就能達成相當程度的防範效果。

然而，就算具備預防犯罪的知識，這股專騙老人的風暴，絕對不可能停止，為什麼呢？原因在於，二〇〇三年開始的冒名詐欺，案例數急遽增長，而且在極短時間內，專騙老人這群人已經建立起嚴謹的「組織」。

接下來讓我們更進一步觀察，了解這些集團的全貌，以及組織內各層級之間的勢力關係。

詐欺本舖（股）企業概要

高度發展後的現代詐欺店舖，營運方式就宛如一家公司。但我的意思並不是說設立一家辦事處，要求現場成員穿著西裝、打扮得像上班族一樣打卡出勤……這些都只是表象。進化後的詐騙集團結構，跟實際上的「股份有限公司」非常相似。首先，我們先從「詐欺本舖（股）」的企業概要開始看起吧。

詐欺本舖（股）的主要業務，即是「從擁有高額資產的高齡者身上，以最有效率的方法，盡可能騙取更多現金」。其經營理念就是盡最大努力，讓員工和上層幹部不會被逮捕，同時能夠獲取最大利益。而其組織結構，就是為了徹底實踐這個單純的理念，最終進化成最合理的形態。

組織概要如下所述；既然講到股份有限公司，那應該就有出資的股東，而詐欺本舖（股）也是一樣。在開設詐欺店舖時，有「複數」股東會提供資金。這些人們就叫做「金主」或「老闆」。這裡我刻意提到「複數」的「人們」，是因為詐欺本舖（股）的金主往往不止一個人。而實際上提供最多資金、擔任最大股東的金主，其實也是以其他金主共同出資的形式，也因此一家詐欺本舖（股）一定都是由複數資本構成。

詐欺本舖（股）一般來說是接受金主出資；籌措到開業和設備所需資金後，開設詐欺店舖，而收益的一部分則以「依出資比例分紅」的形式，分次償還給金主們。而統括這一切的，是相當於企業總經理的地位、在詐欺業界被稱為「大掌櫃」的人。大掌櫃向金主募資後，就著手準備詐欺必要的設備（**如：事務所**、**打電話給目標的通訊回路**、**目標名冊**、**詐欺劇本**），最後成立一家詐欺店舖。一名大掌櫃可以管理的店舖，最多大約三、四家，若同一個金主集團大量出資，設立的店舖數量更多的話，就會委託不止一位掌櫃來管理。換句話說，若以一般企業為例，就是「分公司制度」，把每一名大掌櫃想成「分公司負責人」，應該就可以理解。

但就算只是分公司負責人，卻也是公司裡獨攬大權的經理級人物。大掌櫃的工作除了為公司推動各種企畫，還必須管理人事業務、資訊接收與聯絡、店鋪的防範管理（**規避警察查緝**）、出納業務、福利保健，可以說是非常繁雜。另外，直屬於大掌櫃底下的人物，就是像第一章登場的毒川一樣、是管理機房現場的桶仔主，兩人不時會協議經營方式（**針對不同情況，選擇最有效的詐欺劇本**），藉以維持店鋪營運。

出資的金主是股東，而獨攬大權的經理則是大掌櫃，這些人就是組織高層。接下來，讓我們一起看看，一間詐欺店鋪從無到有的設立過程。

十 詐欺店鋪的開業流程

詐騙集團把冒名詐欺這種手法稱為「一招斃命型」，而加藤君是一名管理數家此類型店鋪的大掌櫃，年僅二十八歲。梳了個一絲不亂的整齊油頭，膚色呈現淡淡的黝黑。眉宇間透露出強勁的意志，而眼神總給人若有所思的感覺。他的容貌帶著沉穩與風霜，讓人很難推測出年紀，應該是因為他已經歷過大風大浪了吧。

某天夜裡，加藤君統籌管理的詐欺店鋪大金主舉辦了飯局，並且邀請他參加。飯局選在東京市區、黑道和政客經常在此聚會的一家著名包廂式燒肉店。既然稱為飯「局」，就代表還有許多其他地位崇高、勢力強大的非法分子到場。但是，當時他還不知道所為何事。

基本上，身為大金主的男人和加藤君，雙方都知道必須盡可能減少接觸。設立詐欺店鋪的初期，會見面討論資金和詐欺所需各種工具的入手管道，之後就不需要報告業務細節。有些出資金主擔心拿不到出資比例的利潤，所以會頻繁地與加藤君連絡，但他都只是虛與委蛇。這是因為，身為一名金主，若與店鋪機房的大掌櫃過於密切接觸，在非法業界就屬於「漏洞百出」的人物。

加藤君帶著緊張的心情進入包廂，九十度鞠躬打過招呼後，毫不猶豫就坐到地位最低的位子，原本表情嚴肅、坐成一排的大人物也露出笑容，開始把一盤盤高級肉品推到他面前。

「哦！加藤來啦！不好意思，突然把你叫來。你最近貢獻不少上繳（**業績**）嘛，不用那麼拘謹，多吃點、多吃點！」

「謝謝！那我就不客氣了！」

此時不能多嘴，加藤君認識的人就只有大金主，其他男人是黑道幹部還是什麼人物，就連他們是不是出資設立自己現在管理的店鋪也不得而知。但在這個場合，多問一句都是失禮的表現。

「看你年紀輕輕，倒是有幾分氣勢。」

有些長相可怕的人，強迫他必須為了遲到罰酒，甚至有人把加藤君當成比空氣還不如的存在，從頭到尾沒正眼瞧過他。然而，打從過去開始，這就是理所當然的待遇。

歸根究柢，在黑道經營的非法企業歷史中，曾將利用詐欺獲利的手法視為一種「恥辱」。八年前，加藤君二十歲，加入詐騙集團在最基層工作，那個年代若是在高層聚會的場合叫上詐騙集團成員，安排座位的黑道肯定會說：「這幫骯髒的傢伙，不准參加！」這就是當時道上的風氣。

而短短數年間，黑道對詐騙集團的態度大有轉變。一方面是因為警方大力掃蕩，幾乎斷絕所有黑道的資金來源，逼得他們不得不進行意識改革；同時因應時代變化，組織型態必須與時俱進，這也是黑道特有的變通能力。

「對黑道而言，重要的年輕人有兩種。一種是願意為了大哥（**高層幹部**）挺身而出的人，另一種是幫公司賺錢的人。加藤就屬於會賺錢的年輕人，我們可要多加疼愛才行！」

這是組織對加藤的評價。

儘管如此，在這麼多大人物面前，突然把加藤叫來，到底所為何事？混黑道有一個必須遵守的大前提，就是前輩敬酒一定得喝。加藤依序接受敬酒，每杯都是一飲而盡，直到肚皮發脹，但是他知道自己絕對不能醉。

數刻後，大金主終於小聲對加藤君說：

「不好意思，這些人都比較古板。剛才他們決定，如果管理自己投資的人，是個喝了點酒就失控的小鬼，一定要讓你混不下去。」

也就是說，聚集在這裡的黑道大哥們，之前應該是在討論，要不要出錢投資加藤君管理的店鋪。放眼望去，每個人年紀大約都在四、五十歲，其中有些人左手的指頭剩不到一半，就算並非所有人都是組織裡登記的成員，看起來也都絕非善類。

「這種情況，誰敢喝醉啊。」

加藤君同樣小聲地回答，接著大金主便單刀直入切入正題。

「說得也是，接下來說正經事。你現在用的道具，是從哪裡弄來的？」

「道具嗎？」

出乎意料的問題，讓加藤有些困惑。

所謂道具，意指詐欺的必備工具「電話系統」。過去「轉帳詐欺」盛行過一陣子，正如其名，當時詐欺所得都必須轉入銀行帳戶，因此道具還包括「冰箱、車」（**銀行戶頭的黑話**）；但這種手法後來就過時了，也變得比較少見，現在大都是透過當面交付來收款，講到道具的話，直覺就會想到電話回路。

「道具都是交給道具店（**別名為背包店／專門販售違法工具的業者**）處理，買一張王八卡大概要五萬日圓。去年因為公司債（**詐欺**）的問題，有兩家大型道具店被抄掉（**破獲**），最近想買新門號會比較麻煩。」

所謂王八卡，是指第三者申辦的行動電話門號SIM卡。這些SIM卡名義上的持有者，都與詐騙集團毫無關係，因此，當詐騙集團使用該門號行騙，就算從電話號碼下去追查，最終也無法順藤摸瓜地查到集團本身。道具店負責的工作就是找到缺錢的人來當「人頭戶」，讓他們到各家電信業者申辦門號直到上限，再將這些門號SIM卡賣給詐騙集團。而道具店向人頭戶購買門號時，或是把門號賣給詐騙集團時，都會派出下家（**毫無關係的第三者**）作為掩護，即使找到實際上使用於詐欺的門號持有人，也很難追查到詐騙集團，這就是為什麼用下家隔開的原因。

但是，這些門號在簽約之後，大多數連第一期費用都不支付，因此馬上就會被電信公司限制通話功能。詐騙集團就是利用這段時間，撥打電話給被害人；但一個門號要價五萬日圓，而且還是用過即丟，以一般規模的冒名詐欺店鋪來說，從開業到歇業期間，大概會消耗掉數十組門號的王八卡。所以一開始，詐騙集團的股東、即金主，就必須負擔最初的「設備投資」。

「原來如此。」

聽到加藤君的敍述，大金主冷淡地回應，同時露出有些麻煩的表情。看來他剛才這麼問，似乎有什麼內情。

「那我再問一下。你能不能在半年內，再增加六間我啦店鋪（冒名詐欺的店鋪）？」

「六間!?意思是除了現在的店鋪，還要再六間嗎!?」

「嘿——看你的反應，不可能做到嗎？」

「不，也不是說不可能啦……」

這樣的要求其實很不合理。以六間冒名詐欺店鋪的規模來看，光是在現場打電話的機仔手，至少就要找到三十六個，最理想的狀況則是五十四名。

也就是說一間店鋪分配九名成員，這是加藤君一向的方針。以三人一組、分飾三個角色的冒名詐欺來說，如果一間店鋪只有一組人馬，不管管理機仔手的桶仔主有多優秀，現場的氣氛也很容易變得懶散起來，若改為兩組人馬，店裡的氣氛就會變得較為緊張，成員間也會產生競爭意識。增加到三組人馬的話，可以把經驗豐富的機仔手編成老手組，一邊指導其餘兩組成員，並且互相競爭，也可以讓內行的機仔手貼近指導新人團隊。

無論如何，不管一家店鋪有幾組人員，桶仔（**事務所**）的租金和水電費都不會改變，因此，增加店鋪小組數便能提高收益，自然不在話下。

即使如此，光是要聚集這麼大規模的機仔手，就不是一件容易的事，再加上店鋪數量這麼多，加藤君一個人也不可能管理得來。這件事情的確頗叫人傷神。

「怎麼會突然想擴大規模？」

聽到加藤君這麼問，大金主更加壓低聲量說道：

「因為找到道具的新門路了。」

「你說的新門路，靠得住嗎？該不會是王八的王八卡……」

「你少在那裡觸霉頭！」

大金主雖然露出些許不悅的表情，但加藤君提出的質疑也不無道理。「王八的王八卡」是指，人頭戶申請門號已經過了一段時間，剩餘可使用的期間也非常短暫，或者說幫該人頭戶牽線去申辦門號的關係人已經被逮捕。這些門號都是「詐欺道具店」拿來欺騙詐騙集團的商品，要是金主去找來這類毫無用處的門號、導致營業績效不佳，最後真正承受傷害的人，只有加藤君這樣的桶仔掌櫃，以及現場工作的機仔手。

「不用擔心，老實跟你說好了，我認識一些專門幫人準備道具的地下錢莊。簡單說起來，就是他們手頭握有沒通過貸款審查（**連地下錢莊也不借錢的人**）的名冊，隨隨便便都能拿出一、兩百本。」

「有這種地下錢莊哦？」

「我再說清楚一點好了，有些身上揹著多筆債務而且根本沒有還款能力的人，借他們一點小額融資，大約五萬日圓，就能叫他們去辦門號來抵債。只要找到十個還沒被電信公司列入黑名單（**名單中的人皆因長期滯納行動電話費用等原因，無法再申辦新門號**）的人，就能用五十萬資金取得一百組以上的門號。好好利用這些名冊，應該暫時不必去擔心道具的問題。」

原來如此，這樣的做法確實可當做新的王八卡來源。

加藤君自己也聽地下錢莊的朋友說過，最近大學畢業後找不到工作，走頭無路跑來地下錢莊借錢的年輕人愈來愈多。即使是嗜錢如命的地下錢莊，看到成為就職難民的學生，通常也興趣缺缺。而且如果是男性的話，不僅是沒有任何可供回收的擔保，甚至還有可能帶來麻煩，因此這些年輕人根本就借不到錢。話雖如此，這些年輕人特地跑來地下錢莊求助，即使無法通過融資審查，就這麼置之不理也太可惜。而且其中許多人都會問：「有沒有什麼方法可以籌到錢呢？」才會演變成上述這種辦門號抵債的做法。

聽完金主具體的描述，加藤君體內那股掙黑錢的商賈精神，彷彿受到了刺激；他興沖沖地問道：

「這個點子，已經開始著手了嗎？」

「不，因為王八卡有使用期限，等到確定店舖之後才會著手。」

這樣的情況帶來了無言的沉重壓力。正因為王八卡在簽約後短期間內就會被停話，如果購買了門號、詐欺店舖又尚未準備妥當，那麼買下門號的錢就完全是損失；這麼一來，就是大金主的損失。相對的，如果加藤君已召集好店舖機仔手，卻沒有足夠的門號可用，加藤君也會蒙受極大的損失。

然而，大金主又露出嚴肅的表情，看來背地裡還有什麼情況。

「你聽好，我不只能提供道具，還有三千組一號名冊。因為全都探過路，價格不低，但我會提供保證。對方說使用費是一五％，後來我談到一〇％。」

「真的假的……」

如此一來，事情又大大不同了。所謂「一號名冊」，意指一次都沒拿來用於詐欺的名冊。加藤君認為，一次拿出三千組篩過（**探路調查**）的名冊，搞不好只是對方胡扯抬價的藉口，但事實上，對於實際製作名冊並販賣的業者而言，探過路的一號名冊是極為珍貴的庫存，提供給詐欺業者使用時，自然在價格上不會輕易退讓。

再者，金主口中所謂的保證，意即使用名冊詐欺時、必須支付給業者的費用，有些爛名冊甚至不需要支付保證，而有些高精確度的名冊，要價都是一百萬圓起跳；另一方面，所謂使用費，就是實際使用該名冊詐欺成功時，名冊業者從收益中抽成的比例。

到底該不該接受這次委託，加藤君絞盡腦汁思考。最大的疑慮還是在於，一次找這麼多人到底妥不妥當。加藤君現在管理的店鋪，會發給現場機仔手保障底薪（**最低日薪**）。因此，萬一聚集了需要的人數後，才發現道具不夠，或名冊根本是爛貨，都會攸關加藤君自身的生死。

「我不敢說得太肯定……如果算這三千組的打擊率是一成，每次上場都是一安打（**一百萬日圓**），算起來利潤是三億吧？但萬一打擊率不到一成，絕對是我虧（**承受損失**）。而且老實說，一次要培訓五十個新人，真的非常困難。兩個月的研修期間、每個人發二十萬伙食費的話，就要一千萬。最近，桶仔開張之後，每天必須支付兩萬圓交通費，兩個月的桶仔就要兩百萬……要是人真的不夠，就只能從別的地方空降過來（人力派遣）。」

「你哦，不要這樣婆婆媽媽的啦。名冊業者說打擊率至少兩成，用你剛才的算法，開胡應該有六億吧？我覺得應該是一筆不錯的生意啦。找個三當家（二掌櫃）也無妨，你就試著做看看嘛。不然這次的桶仔名義，由我們來負擔也無妨。要是這樣你還不幹，我就去找別人嘍。」

看到加藤君面對這麼大筆生意，卻還優柔寡斷的模樣，性急的金主似乎已經沉不住氣。

順帶一提，「桶仔名義」意指詐欺事務所承租人。為了避免警方查緝，必須找一個與金主、掌櫃、現場機仔手完全無關的第三者來承租，而這麼做所需的費用，占店舖營運經費極高比例。

名義出租費可能是月繳二十萬日圓，或者單次給付二十至三十萬日圓作為報酬。然而，詐欺店舖為了躲避查緝，經常在短時間內就更換場所，若以經營兩個月店舖、更換三次場所來算，六家店舖合計需要十八個承租人名義。有些更加謹慎的組織，會以「他人名義」連事務所隔壁的房間一起租下。所有現金、詐欺使用的行動電話和名冊等，基本上都保管在隔壁房間，必要時才會從陽台過去拿東西。必須馬上處分文件或記錄的緊急時刻，也可以用放置在隔壁房間的碎紙機，湮滅所有證據。

這麼一來，如果名義承租人每次收取的報酬計為二十萬日圓，單純計算起來所需總額便是三百六十萬日圓；若是連隔壁房間一起承租，就需要七百二十萬日圓，而金主剛才說他們會負擔這筆錢。

聽到這番話，加藤君也了解到，大金主對於這條新道具門路，還有三千組的目標名冊，應該是抱持了相當程度的信心。

「我知道了。但是這麼大筆生意，對我來說也有風險，能不能給我明天一整天的時間來考慮？」

「不行不行，明天過中午就要給我回覆。要是你決定幹了，我這邊也必須騰出時間著手進行，要準備的東西還多著呢。」

上述情況，就是身為股東、出資者的金主，與身為經理的掌櫃之間的角力。

金主可以利用廣泛的人脈，去尋找名冊、道具、事務所承租人，有時候甚至必須幫忙找到人力仲介，派遣機仔手到詐欺店舖，一切都是為了適當投資。然而，金主從不過問詐欺店舖的經營狀況，只「介紹」工具和資金，之後就退居幕後，等著分紅即可。

另一方面，從掌櫃的角度來看，這無疑是一場大賭注。萬一失敗了，金主們還是會確實要求拿回投入的本金。說實在話，加藤希望能利用自己的人脈去籌措所有資訊和材料；但實際上，他的人脈根本比不上金主，業界相關人脈幾乎都掌握在金主們手中。最近有些案例是掌櫃先用自己的資金開設店舖，之後再去找金主來支援，話雖如此，加藤也不可能去找一個毫無關係的金主來另起爐灶，而且大老們都已經吩咐下來，以自己的立場，不可能一開始就拒絕。

「讓我考慮考慮」就等於接受委託，而一旦接下這份工作，就沒有退路可走。

聚會結束後，加藤君直接前往在附近預約的商業旅館。就剛才金主提出的條件，最終到底需要多少經費？他拿出紙筆開始整理。抱著裝滿酒水而撐脹的肚子，同時開始打電話給相關人士。

他沒有時間休息，明天起又得面對極度繁忙的生活。

✚名冊是食材，機仔手是廚師

各位覺得怎麼樣呢？之前就已提過「詐欺店鋪和股份有限公司非常相似」，而最接近的公司組織，就是連鎖經營的餐飲門市。包括桶仔主在內總共大約九人的店，以及統籌管理數家店鋪的社長，還有股東（**投資者**）。由店鋪人數規模以及一名掌櫃能夠管理的店鋪數量來看，用「地區經營型連鎖居酒屋」來做比喻，應該更容易理解。我們甚至可以這麼想，名冊是食材，王八卡手機是免洗式調理器具，在現場負責打電話的機仔手就是廚師，整個組織成員都有能夠置換的對象。

在這種股份有限公司型態的詐騙集團裡，身為社長的加藤君，突然接到擴展事業的指令。他最先連絡的對象，理所當然就是現在掌理店鋪的桶仔主。加藤君本身也是從現場機仔手升為桶仔主、最後甚至升到大掌櫃的，可說是經驗豐富。而且這次的計畫規模，加藤君還得找到其他能夠管理店鋪的二掌櫃，否則恐怕難以順利推動。因此，他毫不猶豫先打給自己最信賴的桶仔主。

「不好意思，這麼晚打給你，方便說話嗎？」

「又有人被扣進去（**逮捕**）了嗎？」

半夜接到電話，發問口氣這麼緊張的人，就是加藤君的心腹，桶仔主毒川君。到目前為止，他曾帶出五家億級桶（**一家冒名店鋪最久大約經營二至三個月就會關門，在營運期間內創造一億日圓詐騙金額**），經驗豐富、實力堅強。其實，毒川君今年三十二歲，比加藤君長四歲，但他們的地位和使用敬語的立場卻與年齡相反，應該是因為大掌櫃與桶仔主之間的上下關係。

毒川君從十幾歲就是地下錢莊車手，二十幾歲時則去當了不動產投資斡旋業者的推銷員兼課堂講師，經歷可說十分特殊。後來攢些錢開了一家坐檯酒店，沒想到投入資金委託經營的那個人，竟然帶著營業額和店裡的陪酒小姐遠走高飛。本來他委託認識的黑道：「幫我把那傢伙找出來！」而對方看上他原本在不動產當業務以及擔任課堂講師時訓練出來的口才（**可以運用於詐欺話術的技巧**），便對他說：「有個熟人介紹的工作，你要不要去做詐欺的機仔手？」

正因為能力出眾，聽完加藤的說明，毒川君的反應正如想像，感覺有些不開心。

「一次開六家新店鋪，這不可能吧？用那麼貴的名冊，交給沒經驗的機仔手去做太浪費了，還是應該找嚴格訓練過口才的人才行啦。」

「我也是這麼想，現階段，毒川君你那邊現在分配到公司手機的機仔手有幾個人？」

「還能用的大約二十個，再加上現在店舖裡的成員，也還不到三十個。」

所謂公司手機，並不是詐欺時使用的王八卡手機，而是詐騙集團機仔手和桶仔主，或是掌櫃和金主、桶仔主、馬仔等聯繫時使用的行動電話。當然，這些門號大都是由毫無關係的第三人申辦的預付卡。說起來就類似一般公司行號的「公司手機」、「內線電話」，與王八卡手機的不同在於，公司電話會定期支付費用並持續使用。

「三十個啊……滿厲害的，能夠跟毒川君一起工作真是太好了。算了，反正我們就先算實際能用的人有二十個，接下來還得再找三十個人……我也會找其他桶仔主問問看，你覺得呢？」

「現在加藤君管理的桶仔主有幾個？」

「加上毒川君大概是四人。」

「這樣算來，如果要起六個桶仔的話，那就還差兩個桶仔主。」

加藤君不自覺地陷入沉默。詐欺的業績，會因為桶仔主而改變，這麼說並不為過。毒川這個桶仔主，掌握了二十名擁有公司電話的機仔老手，對加藤君而言是最優秀的部下；若能擁有幾位同樣能幹的桶仔主，並且不管多大規模的計畫都能應對，這樣的掌櫃自然能夠獲得好評。

「……最糟的情況，就是我一邊做掌櫃的事，一邊也做桶仔主。」

加藤君這番話聽來像是自暴自棄。

「哇哈哈，你在開玩笑吧？」

毒川君這麼回應，但語氣有些冷淡。

「是玩笑話沒錯。」

理所當然，掌櫃如果又身兼桶仔主，跟現場店鋪往來頻繁，其實在大規模的詐騙集團中，是絕對禁止的。

這些組織都嚴格遵守「切割原則」。在詐欺店鋪現場工作的基層機仔手，就算知道掌櫃的存在，也不會有過於深入的接觸。依據組織不同，有些機仔手連掌櫃的名字也不知道，最徹底實施切割原則的店鋪，恪守「桶仔主是組織頂點」這項規矩，甚至不知道還有一個地位等同社長的掌櫃存在。這麼做有什麼好處呢？萬一基層機仔手因為對店鋪不滿而造反、向警方告密，也不可能追查到掌櫃身上。更別說高高在上的金主們，基層機仔手根本不可能和他們見面，或許連金主的存在都不知道。這樣的做法，至少可以幾乎保證，不可能從「人脈管道」追查到金主。

在這個大前提下，掌櫃又身兼桶仔主職位，是絕對不允許的行為。

然而，相對於陷入自暴自棄的加藤君，毒川看來反而更有幹勁。

「先不說笑了，這件事你怎麼看？我現在管理的店鋪裡，有兩個人應該可以拉上來當桶仔主。」

「真假!?對方是什麼樣的人？」

「二十三歲的屁孩。」

「……」

「不要不說話嘛，這兩個人我可以掛保證。如果一開始你不放心的話，我可以當三當家（**二掌櫃**），幫忙看前看後嘛。」

加藤君再次絞盡腦汁思考。

優秀的毒川君竟然願意擔任三當家，可以說是出乎意料。話說如此，但是加藤君過去拚了命累積經驗和貢獻，好不容易才爬上掌櫃這個位置，所以對於這次的工作開始感到有些束手無策。到底要在這個位置繼續拚鬥多久？這個想法一直存在於腦海中，揮之不去。

確實，升上掌櫃的位置後，只要不被逮捕，就可以在數年內賺到上班族一輩子的薪水，但同時也代表自己的生活從此掌握在金主們手中。在這行可以說離開就離開的職位就只到桶仔主。然而，加藤君現在身為二當家（**大掌櫃**），若能把毒川君培養成自己的接班人，就能取得免死金牌，逃離金主的束縛，可說是個金盆洗手的大好機會。

「毒川君竟然掛保證到這種程度，到底那兩個二十三歲的傢伙是何方神聖……不過，毒川君，有件事情要先說清楚，一邊當桶仔主一邊做三當家的工作，會比二當家來得困難哦。出納（**會計**）這部分我是可以幫忙……還有，上面的人已經知道毒川君你現在是三當家，這次再爬上二當家的話。毒川君，你可能永遠無法離開這個業界哦。」

「加藤君，這票我想幹。都已經到這地步，要是不搞一票大的，豈不是不配當一個男人嗎？」

面對毒川君語氣堅定地這麼說，加藤君也下定決心。因為毒川剛說的話，在加藤君爬上掌櫃位置的時候，他自己心裡也有相同的覺悟。

十 金主絕對不會被逮捕

詐騙集團的組織架構和股份有限公司非常相似，規模也與地區經營型連鎖居酒屋是相同程度。如果是做正當生意而不是詐欺的話，他們的工作態度甚至可喻為「企業經營者的熱血物語」。面對經營團隊提出擴大業務規模的不合理要求，身為社長的加藤君該如何應對⁉他能否成功推動此次企畫，同時將毒川君培育成接班人，並且平安無事地邁入人生下一個階段呢⁉

在此，讓我們再次回顧本書的主旨，為什麼「專騙老人的詐騙集團不會消失」呢？其中最大的一個原因，可以從上述的熱血物語中一探端倪。說得極端一點，其實只是非常簡單的一句話。

「因為一開始建立的組織架構，已保障最上層的金主幾乎絕對不會遭到逮捕」，因此專騙老人的詐欺案件才會持續至今。

接下來再次說明這類公司的組織圖。

首先，詐欺本舖（股）的現場店舖基本架構，是由複數股東（金主）、社長（掌櫃）、桶仔主及其率領的機仔手組成。加上一些下游承包業者諸如：名冊業者、道具店，以及近期興起的獨立店舖，亦即與詐欺本舖（股）毫無關聯的「收款店舖」，都是外部提供的各種協助。收款店舖意指統籌管理馬仔的獨立團隊，他們與詐欺被害人接觸，直接收取現金。

這樣的結構，就是徹底實施前述「切割原則」的成果。第一，就算店舖機仔手落網，也不可能逮到最上層的金主——這些最基層的機仔手，根本不知道金主的存在。

第二，假設加藤君落入警方手中，他也幾乎百分之百不可能將金主出賣給警方。這一點，就是跟一般股份有限公司等企業最大的不同。

舉例來說，一般企業如果發生經營團隊侵吞公款的情況，負責管理的主管會挺身而出、守護團隊嗎？答案絕對是否定的吧。然而，在詐騙集團當中，掌櫃的確會保護金主。在這個業界當中，遵循的原則並非經濟理論，而是「道上理論」。

如果大掌櫃將金主出賣給警方，等於是給自己的人生畫下休止符。在道上混，如果真做出這種事，當然不可能繼續在這個世界生存，只能一輩子擔心遭到報復，提心吊膽地活下去，這種情況確實是來自於道上規矩的暴力扼阻。但另一方面，如果掌櫃堅持「自己就是組織最高負責人」，以肉身為盾、防止金主遭波及，絕對是獲得信賴的大功一件。

掌櫃從詐騙集團裡分到的利潤，大多都是詐欺收益扣除必要經費後，淨利的一半；但若考量到金主不止一位，事實上一家店舖的業績當中，掌櫃獲得的利潤所占比例應該最高。總而言之，就算被捕後面臨漫長的刑期，只要事先藏好某種程度的資產，出獄後自然能保有資產以及在黑社會中的信用。

「自我犧牲並以一己之身守護所屬團體」的做法，與一般企業相較起來，在黑社會中更能獲得無可比擬的正面評價，這樣的價值觀也僅適用於道上。

結論就是，金主階層的人物不會被逮捕。

＋萬一店鋪被破獲……

另外再說一件事，本書三番兩次提到「萬一店鋪被破獲」，這裡特別加上「萬一」，的的確確是根據詐欺現場店鋪的實際情況所選用的詞彙。

沒錯，詐騙集團採取的任何行動，大前提即是認為「警方不可能闖入詐欺店鋪」。或許正因為有這個前提，每當某個詐騙集團所有店鋪都被查獲時，往往會在詐欺業界引起一片譁然。其他組織的人都會想，為什麼會整組被抄掉？破獲店鋪應該是「絕對不可能」的事情，警察竟然能追查到店鋪！接著就開始四處打聽消息。這就是詐欺店鋪業界的一般認知。

為什麼他們認為店鋪是絕對安全，並且對此深信不疑呢？其依據便在於前述提及的「切割原則」中，實施得最徹底的重點。

也就是「切割金錢流向」。

詐欺本舖（股）委託的外包業者中，有一種類型是收款店鋪。過去有一段時期，詐欺本舖（股）都是在組織內設立收款部門，而現在則逐漸轉型為「委託外部專業收款團隊」。

這樣的轉變可說是理所當然，因為不論現今或過去，從事詐欺相關工作的人們當中，就屬收款團隊最容易遭到警察逮捕。因此，委外的手法日漸普及，過去透過銀行轉帳、由「漏珠仔」去提款機取款的型式已不復存在，轉變為直接與被害人見面，由「馬仔」收取現金，或是利用宅配、郵寄小包裹等寄送服務，已然成為主流。但不管怎麼說，當被害人察覺有異而與警方聯絡後，警察只要到場埋伏，就能輕易逮捕收款團隊成員。說起來，這些人就像戰場上的前線士兵，亦即是「箭靶子」。

然而，即使他們遭到逮捕，詐騙集團也根本是不痛不癢。只是原本能夠到手的收益化為烏有，這一點比較讓人感到可惜，但就算逮捕了收款團隊，也鮮少能夠循線追查到組織本體。因為在這樣的架構中，實際上設下了五層屏障：

第一層屏障是「保持緘默」。基本上，警方逮捕到的收款人，要不就是一直強調「受陌生人所託」、「受外國人所託」，或者不斷保持緘默。加入組織後，他們就接受這樣的教育，而若因取款而遭到逮捕判刑，組織也承諾提供「出獄後的生活保障」。

近來馬仔成員漸趨低齡化，甚至當中也有未成年人，因此，大多數的初犯並不會被判刑。即使是成年人，也因為並非「主導詐欺的關鍵人」，幾乎很難以量刑較重的詐欺罪來起訴。只要想到「當作進去小個便（**因為量刑極輕**），出來之後生活和工作人脈都有保障，當然是保持緘默比較好」，也就不難理解為什麼探不出任何消息。

第二層屏障，就是切斷個人人脈。收款店鋪派去現場的馬仔成員，和店鋪管理者並無私交，並且僅有數面之緣，甚至連管理者的電話號碼都不知道。

就算知道管理者的電話號碼，一定也是和詐欺店鋪使用的「公司電話」一樣，要是撐不過警方嚴格訊問、供出「是受店鋪管理者所託」，只要馬仔不知道管理者的本名、住處，警方再怎麼努力也追查不到管理者。

第三層屏障，是切斷組織間的人脈。假設馬仔成員其實是來投靠管理者的晚輩，管理者就可能受到牽連而被逮捕，但是警方若想繼續追查下去，也只能到此為止。

首先，說明一下委託收款的流程。大掌櫃或桶仔主聯絡收款店鋪後，店鋪管理者便會派出馬仔到指定地點等待收款。他們聯絡時一定都是用王八卡手機或公司電話，而且絕對只用語音通話。因為若是利用簡訊下達指示，就會留下犯罪證據；有些掌櫃或桶仔主更加謹慎，打電話連絡收款時，還會特地遠離事務所。這是為了避免警方調閱手機通話記錄的基地台資訊，進而推測出事務所的具體位置。

接下來，才是真正誤導調查的重頭戲。

收款店鋪管理者從馬仔成員手中收受現金時，**一般都是使用「放在單間廁所裡」、「放在長椅下」或「從兩台車的車窗丟包」等手段**，藉此多一層緩衝。而收款店鋪管理者最終還是要把錢交給掌櫃，但是當然不可能親手交付，而是再透過**與組織毫無關係**的信差（**送貨員**），或放入投幣式置物櫃、郵政信箱等媒介。而信差帶著現金移動時，都會轉乘計程車或電車等多種交通工具，有時候甚至還會叫他們刻意進入擁擠的店鋪或車站大廳等，混入人群之中。

各位看到這裡有什麼想法？我們模擬一下警方追查現金流向的情況。首先是警方接獲詐欺報案，透過埋伏跟監確認到馬仔從被害人手中收取現金，接著不動聲色、採取「追錢不追人」的策略，但終究還是無法追查出這筆錢最後的動向。除非真的在現金裡裝上可定位的超微型GPS訊號器，否則不可能透過收款店鋪追查到詐騙集團。

而第三層屏障究竟能夠強化到什麼地步，完全取決於掌櫃的領導風格，現階段（二〇一四年秋），業界人士表示「至少設計四層緩衝」。具體的現金流向如下所述，假設收款店鋪是A，收受現金的傳訊人是B，之後B轉交給C、C交給D，最後再由D把錢送到詐欺本舖（股）。這樣的流程已是詐欺業界的常態，因此詐欺本舖（股）的工作現場會把收款店鋪稱為「A」，而且也就一直使用「A店鋪」這個名稱。如果把各層屏障之中的緩衝也加總，詐欺本舖（股）至少可說受到六、七層屏障的保護。

＋「專騙老人」無法根絕

於此再次斷言，「專騙老人的案件絕對不會消失」。

而且，我認為這個業界已經出現令人難以置信的組織。專騙老人的詐欺案，養活了許多人，儼然形成「產業」。警方的搜查線索，也僅有從被害人手中收受現金的收款人，或是撥打電話使用的門號申辦人，算是可以從人和金流兩面來追查，但我想各位應該也知道，只要徹底實施切割原則，就能有效阻斷警方搜查。

反過來說，這樣的原則也是徹底切割末端的做法，就好像一隻可以分次斷尾的蜥蜴，而且這條尾巴無論幾次都會再生。在詐欺業界當中，最容易產生「殉職者」（**遭到逮捕**）的環節就是收款，而我在採訪的初期，這個部門的成員都是一些「鋌而走險也必須賺這種錢的人」。他們大都債台高築，或是身障人士、服刑太郎（**經常出入監獄的人**），還有一些人是為了自費治療重大疾病，或從事性交易工作的男同志。為了追求明日的溫飽，只能站在專騙老人案件的最前線，抱著必死的決心，四處奔走去收款。

現今的收款手段已轉變為由馬仔直接與被害人接觸，而且投入這行的年齡層也有降低的趨勢。一名未成年的初犯，而且又不處在主導詐欺的地位，很難求處重刑，而且對於叛逆的十幾歲青少年而言，從事詐欺工作被逮捕，反而是一種「鍍金」的感覺。另一方面，還有些標榜體能作為賣點的收款店舖，號稱遇上警方也能夠「擊退身強力壯的警官，安然脫身」。

不管怎麼說，收款團隊隨時都能找到替死鬼，而且也不可能讓金主遭到逮捕，如此一來，最高層永遠都能取得資本，設立專騙老人詐欺的桶仔。這個結構一旦建立起來，不管運用詐欺手段或其他方法，鎖定高齡者的犯罪事件，勢必會不斷更換形式、持續存在下去。

如果警方想撲滅整個集團，就必須逮捕量刑比收款團隊還重的詐欺店鋪掌櫃、桶仔主和機仔手，再加上一定得讓他們了解「這是一樁不合算的生意」；逮捕站在詐欺現場頂點的掌櫃，並與之進行司法交易，確保他日後生活上的安全，藉此獲取金主的資訊，最終勢將之毀滅。

然而現實中，情況卻是完全相反。詐欺店鋪遭到舉發是「緊急事態」，金主級人物被逮捕的狀況，從轉帳詐欺成為社會問題後，經過了十年也是隻手可數；這就是他們置身其間的感想。

如此一來，專騙老人的詐欺案就不可能消失。唯一能夠期待的，就是本應徹底管理的現場機仔手們，深信店鋪不會遭到警方破獲而放鬆警戒，或是因為擁有巨款而不可一世，在私生活中露出破綻。

但是這樣的想法，其實也是大錯特錯。

採訪過詐欺現場成員之後，讓我了解到詐騙集團的技巧多麼高明，因應查緝的對策與組織架構亦十分完善。然而，一再讓我感到驚訝的事實，還是店鋪機仔手和掌櫃，他們雖然不務正途，但論拚勁則都是優秀的人才，並且充滿人情味，只是慘烈的成長過程讓他們認清世間的殘酷。

這群人當中，已經爬到掌櫃或桶仔主的位置，就是人稱「迷惘世代」（Lost Generation）的一群，下層則是一直被看不起的「寬鬆世代」，而最下層則是最年輕的「佛性世代」。無論如何，上個世代的人在公司裡，總是把這些年輕人稱做「遺憾的世代」。然而，在我採訪時接觸到的年輕詐騙集團成員，感覺上並非如此。他們真的是在那樣的世代氛圍之下長大成人的嗎？這些孩子真的是在日本成長至今的嗎？我心裡不禁產生這些疑問，因為在現場負責專騙老人的機仔手們，簡直就是表現傑出的專業人士。

下一章，將為各位說明「為什麼詐騙集團會變得如此壯大」。且容我在此先寫下答案。

他們每個人都優秀得令人吃驚，對工作的熱情也非比尋常，而集團也有一套「將他們教育成這種人」的標準流程，再加上他們各自擁有「灌注全部熱情來專騙老人的原因」。

老是感嘆「現在的年輕人，一個個都不中用」，但退休後卻因為詐欺而蒙受損失的高齡者，我希望各位能夠帶著自我警惕的心理準備，繼續閱讀下去。

第三章

如何培養專騙老人的詐欺犯
——機仔手研修過程

四名年輕男子一字排開
站在置於窗邊的白板前，
每個人的側臉都挨上無情的一巴掌。

十 不斷甩巴掌的研修

二〇一X年某月，距離東京都心搭電車約四十分鐘的住商混合大樓中，一間空房簽定了租賃契約。這是一棟屋齡四十餘年的鋼筋混凝土大樓，外表看似廢墟，因此內部也經常出現空房。集中於入口處的住戶信箱，有幾格發遞口還被膠帶封了起來，屋頂和陽台似乎沒做防水工程處理，一樓玄關入口的牆壁可以看見水漬的痕跡，甚至還結成了小水滴。

場景轉到最近出租的那間辦公室，早上七點三十五分，對多數上班族而言應該是一邊看電視新聞，一邊吃著早餐的時間。但是這間原本空蕩蕩的辦公室，已擺滿了鐵製且附有小桌子的課桌椅；二十幾名男性穿著各自的便服，臉上帶著緊張的表情，站在自己的座位前。

每個人的小桌上都擺了一張A4影印紙，上面用密密麻麻的文字印刷著名冊，還有一部流程圖形式的營業資料，以及一支行動電話。眾人直挺挺地站著，屏氣凝神望著眼前這幅奇異的光景。

「面試的時候我應該就交待過你們了！才研修第一天竟然就敢遲到，你們瞧不起這份工作嗎？是不是啊！」

狹窄的事務所中，四名年輕男子一字排開站在置於窗邊的白板前。說時遲那時快，每個人的側臉都挨上無情的一巴掌。

啪！這一陣拍擊聽來不像巴掌聲，由手心傳出的猛烈聲響，讓站在座位上動也不動的男子們，臉上表情更為緊張。

對這四人賞巴掌的人，是一名身穿西裝、三十多歲的男子，頂著一顆一絲不苟的平頭。站在他身旁的另一名男子，雙手環抱於胸前，同樣穿著西裝，但身型高䠷削瘦，臉上留滿鬍子並戴著眼鏡。鬍子男轉過頭來，對著不敢亂動的四名年輕男子，又是一陣訓話。

「給我聽好！明天要敢再遲到，我至少會讓你們斷一根骨頭！戴手錶的人，回去好好對時。就算只是遲到一秒，累積三次的話，當天就給我滾回去，聽清楚了沒？」

「好，你們幾個也回座位上。」

只見四名年輕人，按著腫脹發紅的臉頰，魚貫穿過狹窄的課桌椅，回到自己的座位。其中有幾個人臉上還帶著不服氣的表情，但沒有一個人敢在接收到指令前坐下，因為此時現場已經籠罩在緊張氣氛中。事實上，聚集在此處的男子，都是從免費徵才報紙中找到這份工作，並且已通過面試。

——召募業務員。電話行銷。稅後薪資三〇萬日圓。交通費另計——

看起來像是很普通的徵人廣告，然而在面試的時候，有些不尋常之處。因為面試官問的問題除了目前的生活狀態、經濟狀況以外，還加上家族成員與關係、興趣和假日的生活、有無負債，或者是否曾遭警方逮捕而留下「前科記錄」，總之問得非常鉅細靡遺。

至於具體的工作內容，面試時只說是電話行銷人員，但第一天上班的情況正如前述。遲到幾分鐘就會馬上挨巴掌，如果隔天再遲到，又會受到更暴力的懲罰，遲到三次就直接革職。這樣的情況不正是「黑心企業」的寫照嗎？在這群擔心受怕的男子面前，平頭和鬍子眼鏡兩人站在白板前，兩人簡直就像激發不安情緒的根源。

「你們現在心裡是不是想，上了賊船啦？這也不怪你們，不好意思，你們的猜測完全正確。」

「如果有人現在想回去，我不會阻止。不過離開之前先聽我說，你們必須在這裡接受一個月密集業務研修。我們這裡不是單純的黑心企業，徵人廣告開出來的薪水是一個月三十萬，研修中的薪水也一樣。第一個禮拜，我們會先付十萬日圓，剩下的二十萬月底付清，而且都是發現金，然後每天的交通費是當天結算。順帶一提，研修結束派你們到現場之後，薪水雖然全算業績（**完全抽佣制**），但是有辦法的人一年隨隨便便就能賺個一千萬日圓哦。」

講到跟錢有關的具體描述，在場每個人都聽得入神，並不由自主嚥下一口唾液。這也無可厚非，因為這些通過面試的男子，幾乎都是目前失業中，不知道明天生活是否有著落的人。

平頭一邊看著自己的手錶，同時這麼說道：

「好啦，從現在開始給你們兩分鐘。想走的人，現在立刻出去，我不會阻止你們，而且還會支付今天的交通費。預備、開始！」

十秒、三十秒、一分鐘，兩分鐘時間到。

期間每個人一言不發，現場陷入一片沉默，幾乎讓人喘不過氣。但是沒有一個人選擇離開。

平頭和鬍子眼鏡帶著滿意的表情相視一眼，深吸一口氣後，說話聲音更加宏亮，連事務所的牆壁都要為之震動。平頭那張原本曬得黝黑的臉，此時變得更加赤紅，只見他側目環視在場每一個人。

「再次宣布，研修從現在開始！我叫小柴，這位鬍子哥叫牛島。首先從發聲練習開始，大家跟著牛島說！」

語畢，鬍子眼鏡牛島深深吸足了氣，接著一股作氣吐出，並喊道：

「早安！」

「早、早安？」

「太小聲！」

現場男性個個一臉躊躇，小柴又憤怒地吼道：

「早安！」

「早安！！」

「再大聲點！」

「早安！！！」

二十名以上的男性，由腹腔發聲喊出「早安」，就足以讓現場氣氛變得詭譎起來。

而牛島看似也不甘示弱，又加大音量喊道：

「承蒙關照！」

「承蒙關照！！」

光只是發出聲音喊叫，在場複誦的男性，額上都冒出粒粒汗珠。

「謝謝！」

「謝謝！！」

領導眾人發聲的牛島，額頭也滲出汗水。

「先走一步！」

「先走一步！！」

接下來又要複誦什麼句子？在場的男性個個屏息以待，只見小柴一改嚴肅的態度，表情柔和地說：

「好的，您慢走！不對，現在還沒下班啦！」

剛才還充滿威嚴，叫人感到緊張的小柴，此時卻開起玩笑，眾人瞬間吃驚得不知所措。

「這個時候應該要笑啊！」

牛島順勢插入這句話，事務所裡才從各處傳來微小的笑聲。

「好了，所有人坐下！看你們手邊的那份腳本，九點開始正式工作。還剩一個小時，你們必須從頭到尾讀過一遍。什麼地方不懂，不要都不講，多無聊的問題都可以提出來。」

眾人拿起小桌上的腳本，裡面寫的是買房投資的推銷話術。

——很抱歉突然打電話給您，這裡是○X不動產，敝姓○○。最近有些購入門檻較低的投資型新建案已經完工，現在公司希望利用電話向客戶說明。

這是最初的開場白，之後再依電話另一頭的回應，選擇因應的話術，也就是一張樹狀圖形式的推銷工具。然而，看到投資物件的價格，不少人都露出驚訝的表情，物件價格竟然高達八千五百萬日圓。如此高單價的投資物件，真的有人會因為一通莫名其妙的推銷電話，就決定下單購買嗎？

此時，剛才因為遲到而被甩巴掌的年輕男子舉手發問。

看他的樣子應該不滿二十五歲，穿著一套黑色無花紋的成套運動服，頂著一頭有點褪色的短髮，看起來就不像上班的裝扮，從修剪過的細緻雙眉以及上唇的傷痕來看，與其說他是來當業務員的，倒不如說是黑道風格的流行雜誌中常見的模特兒。然而，他的眼神十分認真。

「我們，一定要照腳本上寫的，原封不動去講嗎？」

「哦……看你幹勁十足的樣子。叫什麼名字？」

「我的名字嗎？我叫來栖。」

「來栖啊，你問了一個好問題。你們手中的腳本只是一個範例，只要對方肯繼續對話，也可以自由發揮。」

自由發揮？在場眾人完全摸不著頭緒，這個名叫來栖的年輕人，又繼續提出問題。

「還有一件事，照這個腳本演下去，最後會有什麼結果呢？」

聽到來栖提出的問題，所有正在閱讀腳本的人，同時都翻到最後一頁，腳本上這麼寫：

> ——那我們會寄資料給您，能不能告訴我您家裡的地址呢？謝謝。最後再請容我再說一次，我是銷售員〇〇。今後也請多關照，謝謝您，再見。

也就是說，這裡的銷售行為，最終目標只是把資料寄過去嗎？鬍子哥牛島語帶嘲諷地回答：

「這麼說也行，反正你放心，絕對不可能從頭到尾都照腳本走。還有，現在還只是研修階段，也就是『假推銷』。電話裡說會寄資料，實際上並不會寄。還有這個什麼投資用的公寓，根本就不存在。」

（什麼跟什麼啊？）現場瀰漫著一股這樣的氣氛，來栖君也露出一臉驚訝的表情，小柴見狀朝他走去，突然間一把抓住他的領口，並將他舉起。由此可見他的臂力十分驚人。

「臭小子！你是不是覺得這麼做毫無意義!?我告訴你們，要是連這件事都做不好，接下來的工作更不可能做得來。反正你們就是打電話、打電話，一直打電話。掛斷一通電話之後，五秒之內馬上打給下一個人。誰敢把話筒放下，我一定馬上扁他一頓。」

小柴像是甩投般地放開來栖君，整間事務所再度籠罩在緊張的氣氛之中。而牛島也順勢繼續說下去。

「聽我說，不專心的話，就達不成研修的效果。所以這裡規定兩個小時可以上廁所和休息一次，除此之外，工作時間中絕對不准離開座位。管你是要大便還小便，要是忍不住就給我拉在褲子裡。想上廁所的人，最好趁現在先去。等一下上班時間開始，想抽菸也得等到吃午飯的時候；還剩三十分鐘就上班嘍。」

現場再次陷入沉默，整間事務所只聽得見眾人翻閱腳本時，發出微弱的沙沙聲。有幾個人去上廁所，另外幾個人擠在狹窄的陽台，因為到中午吃飯前都不能抽菸，他們必須預先補充體內的尼古丁，但所有人都很快完事，迅速回到座位繼續閱讀腳本。

其中也包括因為遲到被甩巴掌，以及提問時被拎住領口粗暴對待的來栖君。此時，他在心裡嘆了一口氣想著。

（之前就先從毒川大哥那裡聽說過，但沒想到實際上是這麼凶殘……）

＋「假研修」，真選拔

「為什麼詐騙集團會變得如此壯大？」應該是本章的主題，但一開始的內容就是描寫血汗研修的場景，或許有些讀者會覺得搔不到癢處。

然而，這場研修是培育詐欺機仔手的第一步。同時也是選拔「正式員工」的過程，業界稱為「假研修」的一種企畫。

最基本來說，能夠加入詐欺店鋪成為機仔手的人，都有幾項特質。

第一種是「其他八大行業」過來的轉職組。具體來說，最有代表性的例子就是「地下錢莊業界成員」。另外就是從性交易產業成員挖角過來的「前情色產業成員」。再加上從監獄或少年感化院召募到的人、離開黑道的人，或是店鋪相關成員介紹進來的「非法集團成員」。還有一些看似社會精英，卻是不肖業者的業務員，或是從詐騙集團最底層的收款店鋪爬上來的成員等，種類繁多。

這些人雖然都從各個不同的業界加入，但他們進來時就已經是機仔手候選人，形同「種子選手」。在加入研修的那一刻，就代表他們已經決定成為一名詐欺機仔手。一開始會先被帶去與眾人合宿，透過演練詐欺腳本的研修，然後配屬到各店鋪中。

另一方面，如果把這場景搬到上一章，大金主令命掌櫃加藤緊急增員並增加店鋪，情況又是如何？種子選手無法滿足現場人員需求時，召募人員的方式，就是先前提到的假研修。他們和種子選手，亦即從八大行業轉職過來的人相比，頂多就只是「初學者」等級。

不管時代再怎麼高度先進，在詐欺店舖工作的原則，就只有「適不適合在道上混」這一點。然而，初學者等級的選手，到底懂不懂這點原則，根本無從得知。在不知道日後能否成材的情況下，也不能讓他們知道研修之後，實際的工作是詐欺，因此也就不能使用詐欺腳本來訓練。要是他們在研修結束的歸途中被警方逮捕，那可就糟了。

因此，這些初學者成員，一開始都必須撥打沒有實際效益的「假推銷」電話，並且令其處於高壓的研修環境中，再由擔任教練角色的人物，去觀察這些初學者是否具備詐欺機仔手的特質，同時進行教育。

另外，上述介紹參予假研修的初學者成員中，還會安插一名「外部人員」。或許有些人已經察覺，就是那名自稱來栖的年輕人，他的真正身分便是「內應」。上一章桶仔主毒川向加藤掌櫃推薦的二十三歲「桶仔主候補」之一，同時也是現任年輕機仔手，就是來栖君。

來栖君接受的任務，就是混入假研修、偽裝成初學者成員，故意扮演遲到而遭毆打的角色，或是代替其他初學者成員積極提問，為研修現場營造緊張氣氛。而且，以現任機仔手的身分參加研修，還能實際學習到日後晉升桶仔主後，統籌現場所需的技巧。

當然，研修期間的酬勞，包括「醫藥費」在內約數十萬日圓，桶仔主毒川已事先支付給來栖君……但即使如此，這場假研修仍舊超乎他的想像。

十 營業研修開始

隨著九點整的報時聲響起，營業研修正式開始。

二十名以上學員一同舉起行動電話貼在耳邊，另一手拿著腳本和名冊，開始撥打推銷電話。

然而，才開始不久，小柴就跑到來栖君座位旁，使盡全力用皮鞋踹向他的頭。

「你這傢伙搞什麼鬼!?我剛才說過，掛斷一通電話後，五秒內要打給下一個人吧！」

即使事先就知道自己必須扮演這種角色，一瞬間，來栖君仍舊感到憤怒不已，而牛島見狀也從另一張桌子前，用皮鞋全力踹向另一名成員。兩人腳上都穿著皮鞋，似乎是特殊材質製成的「踹頭專用皮鞋」。

從現任機仔手來栖君的眼光來看，這場假研修撥打的假推銷電話，根本就是胡搞一通。使用來歷不明的名冊，打電話過去後，報上公司名和捏造的業務員名字，話題就很難接下去。還不止這樣，有時候接電話的人竟然是獨居的年輕人，根本就不是經過篩選，鎖定具有投資者屬性的名冊。

相對的，腳本中提出的投資物件要價八千五百萬日圓。雖然簡直是猶如天方夜譚般的推銷模式，小柴和牛島也完全不放水。

「別停手！誰敢把手機放下就試試看！」

「一直沒人接電話，就代表對方不在家啦！掛掉打下一通！」

責罵聲四處響起，小柴和牛島也用皮鞋不停踹向各處的成員，並在桌子之間的通道來回遊走。而且兩人手上還拿著兩公升的保特瓶，只要看到哪個成員桌上塑膠杯的飲料減少，他們就會把杯子倒滿。

參加者當中，有些人很快就發現「集中精神打電話推銷，是件需要體力的工作」。明明只是打電話而已，卻像全力衝刺爬上樓梯一樣渾身大汗，喉嚨也很快地感到乾渴不已。

「喂！一通電話五分鐘，三小時可以打三十六通哦！等一下要是誰的通話記錄低於這個次數，下午就給我跪坐著打電話哦！」

因為這些怒罵聲都會傳入話筒，電話另一頭的人聽到後，更是嚇得不敢再繼續接聽。

很快地，眾人開始懷疑打電話推銷的效果，現場瀰漫著一股徒勞無功的氛圍，但只要有人稍微駝背或是把手叉靠在小桌上，就會遭到責罵和皮鞋伺候。

「你們這些廢物，在客戶面前也是用這種姿勢談生意嗎？你們就是沒把對方當成在自己面前，才會這麼鬆懈懶散！」

「給我打起精神！用心推銷！」

整個上午就在這樣的氣氛下度過，所有人都感受到極大的壓力。

打不到三十六通電話的人，除了接受如拷問般的對待，還必須保持跪坐的姿勢。其中還有人似乎強忍著尿意，不停抖腳，雙眉緊鎖地不斷打電話。掛在事務所牆壁上的時鐘，秒針似乎在嘲弄眾人，緩緩地向前推進。

「好——！上午工作結束！大家辛苦了。」

這一聲令下，並沒有任何人跟著複誦「辛苦了」。所有人都為之鬆了口氣，同時仰身望向天花板，坐在椅子上活動僵硬的筋骨。

「嗚哇。」

「唉呀呀，真夠嗆……」

每個人累得連話都說不清楚，口中唸唸有詞，整間事務所開始吵吵嚷嚷。此時牛島再次放聲大喊，令眾人再次正襟危坐。

「接下來發便當，到前面來拿！所有人都去上廁所，休息時間只有四十五分鐘。」

定睛一看，不知何時白板前已經堆滿一箱箱外送的便當。

這是什麼意思？就是說上午辛苦工作，但也不能外出用餐，相當於被監禁在事務所啦！這場研修到底是多麼血汗。箱子裡裝滿了便當，菜色看來相當高級，但是每個人只是默默地扒飯，臉上表情形同嚼蠟。

短暫的休息中，陽台上擠滿一群男人，抓緊時間補充體內的尼古丁。而來栖君也在其中。

「真慘，從早上就不能抽菸，害我差點快暈過去了。」

「真的是有點……不對，應該說簡直快憋死我了。」

一名看似三十歲出頭的男子，津津有味地吞雲吐霧，與來栖君對談著。實際上，來栖君本身在詐欺店鋪擔任機仔手，已經累積不少經驗，他是屬於從「八大行業」轉入這個業界的人，最初的研修就是直接被丟進營運中的店鋪，並且命令他「三天內學會一切大小事」，因此他的經驗都是從做中學來。說實在話，那段日子實在不好過。

一名和來栖君年紀相仿的年輕人，把手肘撐在陽台欄杆上，有感而發地說道：

「糟糕，怎麼覺得天空好藍。早上這三個小時，感覺上累得像是連續工作三天。」

在場抽菸的數名成員，全都嘆了一口氣表示同意。他們應該是過慣了正常生活，過去也都在一般公司行號上班，應該沒有短時間內如此集中專注力的經驗。這群參加研修的成員，就像是突然被強制丟進一個脫離現實的世界裡。

片刻的休息結束，事務所裡傳來小柴毫不留情的叫喚聲。

「再五分鐘就上工嘍！開工五分鐘前給我在椅子上坐好，這樣才算把這工作當一回事！誰敢在上工前一刻跟我說要去上廁所，我當場就讓他死！」

回到座位後，來栖君發現上午一直使用的行動電話，外殼有幾處淡淡的白色，原來是因為緊張流出手汗，沾在電話上乾掉後留下的鹽分。來栖君環顧事務所一圈，發現有三個座位空了出來。本來坐在那三個位置的人，已經不在事務所裡了。看來，上午這三小時似乎已經讓一些人吃不消。

「給我聽好！上午已經有三個人跟我說要走了。我早上也說過，想走的人我也不會阻止。下午也是一樣，做到一半要是想走，也不用客氣，跟我說一聲就行。」

接下來，眾人又開始撥打徒勞無功的假推銷電話。

十打電話、交談、被掛電話的循環

打電話、交談、被掛斷、再打電話、交談、被掛斷。

要做的事情就是這些而已，應該不會多痛苦才是，多數參加者一開始心裡一定這麼想。然而，一再重複相同的動作之間，這些參加者的表現都漸漸產生變化。

一開始他們必須一邊看著腳本，講起話來也是吞吞吐吐，但隨著交談次數增加，後來竟能應答如流。雖然一直被逼著打電話，的確相當辛苦，但到後來他們竟然養成習慣，在電話快被掛掉時，就已經在尋找下一個目標。感覺上，眾人似乎愈做愈上手了。

這樣的變化，小柴和牛島都仔細地觀察著，還會走到已經能言善道的參加者面前，適當地給予建議。

「剛才講得還不錯，那我再教你下一步。對方想說什麼，你應該不用聽到最後就知道了吧？既然如此，你就不用聽到最後，感覺上就像踩著對方的語尾講話。甚至打斷對方說話也沒關係。」

剛才表現得像魔鬼教練一樣的小柴，在給予建議時，竟然會蹲在課桌椅之間的狹窄縫隙，與受訓成員保持在相同的高度。另一方面，牛島在給予建議時，語氣也溫柔得宛若他人。

「還差一步。照著腳本來講，對方如果說不需要的話，這通電話是不是就結束了？但是，有些人的性格就是沒辦法乾脆地掛掉電話，他們也不會為了掛電話而打斷別人說話。這樣你懂了吧？這就是機會，知道吧？這就是應該改編腳本的時間點。」

「所謂改編，到底該怎麼做呢？」

「那種事情你就自己去想吧！」

牛島又用盡全力往該成員頭上踹了一下，定睛一看，他的臉上表情又變得嚴肅起來。

「剛才那句我其實是很想那樣講。不過現在還是研修，我就教你吧。譬如，對方說沒錢所以不能投資，你就可以告訴他，有些地方不用擔保也能貸款。不然這樣說好了，如果有人打電話來推銷，然後一直重複相同的推銷話術，要是接到這種麻煩的電話，你會怎麼說？」

「怎麼說嘛……太煩人了，懶得再聽下去就叫他寄資料過來，等到真的寄來可能就直接丟掉。」

「對吧!?腳本上寫的推銷，最多就只能拚到寄資料而已。所以不管對方經濟狀況，或是目前的家庭狀況，一切都無所謂，反正重點就是談到寄資料給對方。」

只見該研修參加者露出豁然開朗的表情。

就在眾人不停撥打電話之際，一名參加者出聲喊道：「不好意思。」他就是剛才小柴指導過的男子。

「怎麼啦⁉」

「對方叫我寄資料過去，我問到地址了。」

「很好！幹得好！」

小柴和牛島舉起厚重的手掌，為他拍手祝賀。現場的參加者，可說是幾家歡樂幾家愁，有些人受到讚賞，而另一方面，有些人表情又更加焦慮起來。

其中，牛島走向第一名成功者的跟前，從西裝內袋裡拿出一張鈔票，啪的一聲壓在小桌上，是一張五千日圓鈔票。

「之前沒跟你們說，不管任何人，只要能談到寄資料給對方，就可以獲得五千日圓！離四點還有一個小時，之後休息三十分鐘，再繼續打一個半小時。聽懂我說什麼的人，就拚死命打電話吧！」

明明是一場假推銷，成功了竟然能夠獲得報酬⁉而且，對這群人而言，五千日圓絕對不是一筆小數目。只見所有人都望向時鐘，緊接著又專注於腳本和名冊。看起來就好像小鋼珠店即將關門前，在裡面賭上最後一把的賭徒們。

✚「拷問」的目的是什麼？

結果，研修首日出現了三名成功者，每人也都獲得了五千日圓。下午六點下班後，參加者再次全員起立，和早上一樣從「早安」開始複誦十組發聲練習。好不容易聽到解散（下班）的指令，已經是一小時後的事。最後結尾時，小柴和牛島再次提醒，明天再有人趕不上七點半上班時間，絕對會受到比今天早上還嚴厲的懲罰，另外就是經過今天的研修，如果覺得今後會撐不下去的話，「明天起就不用來也沒關係」。

一片漆黑的夜間街道上，參加者終於從異常緊張的氣氛中得到解放，並踏上歸途，而每個人看來都精神恍惚。其中，來栖君假裝和大家一起下班，接著又回到事務所附近的停車場，只見小柴和牛島笑嘻嘻地，倚著一輛黑色勝利（Cedric）房車等他。看來三人一開始就說好在這裡碰面。

「哦哦，來栖君，辛苦你啦！不好意思，今天踹了你那麼多下。」

「接下來呢？肚子餓的話就一起去吃飯吧，吃燒肉好不好？」

「多謝好意，不過……今天講話咬到嘴破，就算吃肉也不知道是什麼味道。」

「哇哈哈，這麼說也是，抱歉抱歉！」

小柴和牛島，和研修時相比簡直判若兩人，臉上掛滿笑容。

「早上那一巴掌真的是毫不留情啊，我幾乎感覺腦漿都在晃動了。更誇張的是，我才打一天推銷電話，就覺得全身肌肉痠痛，怎麼會這樣？」

「我懂、我懂！這很正常，打了一天電話，自然會肌肉痠痛哦。」

「噗哈哈。」

小柴和牛島，這兩個人到底是何方神聖？來栖君本來只是接受詐欺店舖桶仔主毒川指示，來參加這個研修而已，一開始他並不認識小柴和牛島。事前雖然簡單談過，但他完全沒想到實際的研修竟是如此嚴格。

牛島駕駛勝利房車，進入一家開在國道邊的大阪燒連鎖店。坐在灼熱的鐵板前，來栖君腦海裡各種念頭縱橫交織。

「咦，來栖你不喝嗎？等一下我會送你回家啦，喝一杯吧。」

「我們店裡規定，做這個工作的期間不准喝酒。」

「哇哈哈，不愧是毒川教出來的孩子，非常守規矩。」

「先不說這些，我想問的事情，多到可能到死都說不完。」

「好，你盡量問。」

來栖君心裡最大的疑問，就是這個如拷問般的研修，到底目的為何。的確，若將這場研修當作電話行銷的訓練，或許可以增加下巴強度（**交談能力**），但是毒川交待他必須持續參加研修一個月。花費這麼長時間來舉辦研修，到底有什麼意義？租下一間事務所，並承諾支付全體成員三十萬日圓薪資，而且成功講到假推銷腳本的結局，還給予五千日圓獎勵，這樣算下來，最後的研修成本應該十分高昂。

來栖君毫不猶豫說出心中的疑問，而小柴和牛島聽完只是開懷大笑並說道：

「我說來栖啊，你真的以為這場研修可以持續一個月嗎？」

「咦？」

「明天開始我們出手會更重，腳本也會改得更加莫名其妙。對了，牛島君，明天要用哪一個腳本呢？」

「我想想……就用那部《兩千萬買塊墓地》，你覺得呢？」

「啊哈哈！那個不錯哦！」

聽到這裡，來栖君不禁大吃一驚。看來明天小柴和牛島似乎真的想讓成員去推銷墓地。

然而此時，小柴把啤酒杯放在桌上，發出砰的一聲，同時臉上露出如白天研修時一樣的嚴肅表情。

「我說來栖啊，一開始這場研修，就不打算持續一個月哦。你覺得啊，明天早上會有幾個人來上班？」

「幾個人……我想至少會有一、兩個人不來了吧。」

不等來栖說完，小柴就插嘴：

「太天真了，照我的估算，至少有五個人會消失。不過，明天我們會更嚴格，後天要刷掉更多人。或許把上班時間改成早上七點到晚上九點也不錯。」

「這樣應該所有人都會離職吧？」

來栖君是接受命令，混進研修裡當內應，但聽到小柴這麼說，卻也是摸不著頭緒。在一旁默默煎著大阪燒的牛島，聽到他的提問，終於打破沉默。

「你怎麼還聽不懂，最重要就是找到平衡點。我們不是說過，撐過第一個禮拜，就會先付薪水嗎？還有如果假推銷問到地址，還會加發五千圓。有骨氣的傢伙一定會看上這點，努力忍耐一個禮拜。在這個時間點，應該可以調整到十個人左右吧。」

「調整……」

看到來栖君啞口無言的反應，牛島繼續補充說明：

「沒錯，要是人數減少太多，或許會稍微減緩一下嚴格的進度。若是發現有誰口才不錯，不希望他離開的話，就想辦法吹捧，讓他留下，甚至花點錢打賞也無妨。」

「打賞……」

聽到這裡，來栖君似乎看出這場假研修的用意。眼前這兩人，打從一開始就沒想過要留下多數研修生。

「我繼續說，反正一個禮拜後，應該只有十個人能撐到領薪水吧？但是，隔天絕對又會有幾個人不來，這些人的主要目的只是為了領到薪水。好，那接下來換我問你。領到第一筆薪水後，還願意繼續留下來的人，你覺得都是些什麼樣的人呢？」

「應該是……個性堅強、禁得起打……口才也不錯，而且非常需要錢的人吧？」

「完全正確！你再仔細想想，這種人不就正好符合機仔手必須具備的被虐性格嗎？」

聽到這解釋，在詐欺店鋪工作好一段時間的來栖君，也抓到了一絲頭緒。

「我估計，從發出第一筆薪水之後三天，加起來總共十天，應該可以精減至五到六個。這次毒川大哥說要多找一些人，所以我想，應該是希望我們從研修裡找出可以用的新人吧。以一個月的時間來計算，可以辦三場研修，那個研修的桶子應該能選拔出十五人以上。」

牛島熟練地將大阪燒翻面，同時繼續說道。即使是談工作，但他回覆的語氣和白天仍是判若兩人。

「我有自信，最後留下的這十五個人，就算我坦白說之後真正的工作內容是什麼，他們也不會輕易退出，因為他們擁有堅強的意志和苦衷。你知道嗎？來栖，我一直沒跟你說，今天來參加研修的人裡面，有幾個在面試時說自己連住的地方都沒有。像這種人，我二話不說就先給他們兩萬圓生活費，還租了一間章魚屋[2]，安排他們全部住進去。」

「竟然還準備了章魚屋……為什麼要做到這種地步!?確實，你剛說的這些人，應該全部都會留下來……」

「白痴，你太天真了。就算是賭命討生活的傢伙，經過這種高壓式的研修，會走的人就是會走。這次蓋桶仔的用意，根本就不是研修啦。」

來栖君不禁佩服得說不出話來。

2 出處為二戰前北海道監禁勞動者的工作模式，因為這些人就像捉住岩壁的章魚一樣，至死無法鬆手，故稱為「章魚屋」。

小柴他們的意思是，這次研修的主題是引起他們的「內心糾結」。兩個教練都很可怕，還會毫不留情地使用暴力，憤怒的責罵更是不曾間斷。可以說是殘酷的黑心企業。

教練說想離開的人，隨時可以離開，但眼前有些人的確收到五千日圓現金。成功達到假推銷的結局可以拿到五千日圓，更代表十萬日圓週薪應該屬實。

住進章魚屋的人，全都是擔心明天有沒有飯吃的底層人物。然而，這些人還是會刷掉幾個。徹底逼迫的壓力以及當場獲得成功報酬之間，創造出一道糾結的縫隙。這就是小柴和牛島舉辦假研修的真正用意。

「……搞不好，有些人會腦羞成怒而動手反抗也不一定，甚至有人可能會發瘋。事實上，就算我自己只是奉命行事加入研修，早上還是覺得很生氣呀。」

來栖君幾經思考後，這麼說道。眼前兩名教練露出笑容回應道：

「喂喂喂，那種人可是金雞母喲。你仔細想想，反正最後都要把他們改造成適合上工的模樣，那不如一開始就找這種沒經過磨練的人，到了現場也更有發揮空間，不是嗎？來栖，在我看來，你應該也是屬於那種類型的人吧？」

來栖無話可說。

過去一直只當個基層機仔手，不曾想過可以從這種視角來看其他機仔手。來栖君這才了解到，自己能從面前兩人身上學到的東西，可說是多得會放到爛。想到這裡，他突然覺得飢腸轆轆。

來栖君定睛一看，自己那份大阪燒有一半都快煎到焦掉。他馬上把大阪燒夾到自己的碟子裡，一邊大快朵頤，同時再次下定決心，要忍過這次研修。

十 做這些事情，有什麼意義!?

之後的研修，事實上比小柴他們所說的還要嚴厲。第二天一大早，正如小柴所料少了五個人，而且當天遲到的人，整個上午的研修期間都一直被打頭，兩個人因此離開。不僅是上班時間改成七點半到晚上九點，並且規定週六、日也不能放假。當天一到中午休息時間，一名男子滿臉通紅地站起身，跑到小柴面前與他激烈爭論。

「做這些事情，有什麼意義!?難道只是單純想看我們能忍到什麼地步嗎?」

「對啊，叫你們做的就是沒意義的事情啊。」

小柴刻意裝做一派輕鬆這麼回答，令該男子更加咬牙切齒。

「我再說一次，現在做的這些事情，沒有任何意義。不過，電話推銷這個行業啊，本來就是一直重複沒意義的事情。」

「你到底在講什麼，我根本聽不懂！」

「好啊，那我就教你。舉個例子，你稍微想像一下。假設有一項商品，賣掉後能夠產生一億日圓的利潤，然後有十個業務員一起打電話推銷。每個人在一個月之中，每天都打一百通電話，一天一百通，一個月就是三萬通。就算裡面有兩萬九千九百九十九通電話都沒成交，但只要有一筆成交，結果是怎樣呢？就等於一個人可以分到一千萬日圓月薪哦。」

剛才還憤憤不平的男子，現在卻露出銳氣受挫的表情。然而，在一旁撥打假推銷電話的來栖君，卻十分明白這個例子的用意。小柴話中的含意，其實就和詐欺店鋪的收益差不多。

「這個時候，你還會覺得那兩萬九千九百九十九通電話是徒勞無功嗎？」

聽到小柴這麼問，男子也試探性地反問：

「那……如果我可以通過這次研修，真正上工的時候，真的有可以賺這麼多錢的商品可以賣嗎？」

「有啊，不然的話，這裡就只是個黑心研修班而已。」

男子看似無法再繼續深究下去，只能喃喃說句「謝謝」，再一臉尷尬地走到白板前領取便當。

聽完兩人的對話，來栖君感到整個研修班似乎正朝著某個大方向前進。話說回來，其實來栖君被派來當內應時，也接受了一項指示，就是提出「做這些事情，有什麼意義!?」的抗議。然而，沒想到實際上竟然有人在沒有提示下就出面抗議了。也就是說，面對不是安排好的男子出面抗議，小柴還是俐落地將之擊退，簡直就像說好的一樣。剩餘的研修成員，勢必也會對剛才的對話感同身受。

到了晚上九點下班時間，其實只是停止電話推銷，接下來可能還要練習發聲，或者熟記隔日使用的腳本。

隨著日子一天天過去，參加者也逐漸減少，就在全員累積了相當程度的疲勞及睡眠不足之際，中午發便當時還會附上一瓶一千日圓以上的提神飲料。來栖君心裡暗自竊笑，因為剩餘的研修成員當中，有些人發現中午加發提神飲料，竟然還會大聲地說：「非常感謝！」

此時，早晨上班時間前十五分鐘，與中午休息結束前五分鐘，幾乎所有參加者都已經坐定位、準備就緒。

參加研修的眾人內心，似乎開始萌生變化。

十　第七天的插曲

空蕩蕩的研修事務所內，包括來栖君在內的六名成員，直挺挺地站著。所有人都西裝筆挺，而且一臉嚴肅，與第一天比起來簡直判若兩人。每個人都剃成平頭，踩著閃閃發亮的皮鞋。他們是撐到研修第十天的倖存者。

一切都如小柴和牛島的推測，第七天他們如實支付十萬日圓薪資時，還有九個成員留下。隔天，正如兩人所說，又少了三個人。

事實上，在第七天晚上，還發生一件小插曲。當每個人領取十萬日圓後，各自回家的路上，其中一個成員被人從後方毆打，剛領到裝有十萬日圓的信封就整個被搶走。被害人看到犯人的背影，十分確信就是直到剛才還一起參加研修的成員之一。

被害人並未馬上報警，而是回到事務所，小柴則是二話不說，不僅再給他十萬日圓，還多加了兩萬。

「這也難怪啦，世上就是有這種人。看你的傷勢好像也不嚴重，算是不幸中的大幸。你要去醫院嗎？」

「不了，其實，我連健保卡也沒有。」

「我想也是，不過你為什麼不去報警，而是回來找我呢？」

「……我也說不上來……」

說不上來的原因，應該是他已經察覺，此次接受的研修，並不是為了訓練一般的業務人員。

無論如何，目前留下的五人（**不包括來栖君**），全都是為了二十天後再領取二十萬日圓，而選擇留下來繼續忍受如拷問般的研修。

眾人身上穿的西裝和皮鞋，是當天早晨小柴發給每人兩萬日圓、讓他們到附近那家有個皇冠標誌，上面寫著「驚安殿堂」的量販店買來的。看到所有人表情嚴肅，小柴和牛島感到十分滿足。

「你們啊，真的是辛苦了。到今天為止這十天，努力撐過來了呢。」

「辛苦了！還有，恭喜！」

恭喜？昨天還像魔鬼一樣嚴厲的教練，怎麼完全變了個人似的？而且一開始說研修時間是一個月。這五個人都已經下定決心，接下來二十天，願意再忍耐如地獄般的日子，所以才會留下來。但此時眾人腦海裡都充滿了問號。

就連來栖君也未被事先通知，因此對於接下來的發展，同樣毫無頭緒。

「喂喂喂，你們幹麼一臉不可置信的樣子啊。總而言之，研修還會繼續下去。」

果然……眾人心裡難免有些失望，但小柴接下來所說的話，卻出乎他們意料之外。

「不過！今天，我們就去兜風吧。就當作像是社會科校外教學一樣的小旅行吧。」

「我去把車開到外面，十五分鐘後集合！雖然不是遠足，不過還是跟你們說，先去上廁所。還有，從今天開始，不必再禁菸。抽菸的人一定很爽吧，想抽的話，現在就可以抽嘍。」

語畢，由於自己也是個菸槍，只見牛島掏出一根香菸，其他數名成員見狀，也發出「哦哦……」嘆息般的歡呼聲。剩下的人當中，包含來栖君在內，差不多有三個人有抽菸習慣。想到之前的研修充滿各種規定，現在光是能夠自由地抽菸，就足以讓他們宛如置身天國了。

即使如此，剛才所說的兜風和校外教學，到底又是怎麼回事？一場業務工作的研修，怎麼想都不應該出現這樣的安排。

一輛八人座白色ALPHARD開到事務所大樓外，眾人紛紛上車後，坐在駕駛座的牛島馬上就把車開上高速公路。

這一天，天氣晴朗且路上也不擁擠，ALPHARD飛快地馳騁著，到底開往何方？一行人很快地離開首都高速公路，來到一處郊區。然而，眾人再怎麼想也是徒勞。從研修開始至今十天，參加者的一切私人行為都遭到嚴格控管，現在的他們就像乘坐一艘船隨波逐流，光是為了穩定心情就已經筋疲力盡，根本沒有餘裕去思考接下來的目的地。

或許是累積過多疲勞，抑或許是因為剛才小柴的態度，讓他們長期緊繃的心情獲得解放，其中幾個人已經打起瞌睡，發出輕微的鼾聲。驅車出門過了大約一小時，小柴發出懶洋洋的聲音說道：

「好啦，差不多快到了。喂，你們看外面。」

聽到他這麼說，一行人只看見車窗外是一片廣闊的田園，下了高速公路後，就進入滿是田野的地區。然而數分鐘後，牛島方向盤一轉，駛向田園深處一座稍微有點高度的小山，景色也為之一變。

首先，路況相當不錯。進入山裡之前的田間道路，再怎麼客氣的說法，也算不上舖設完善，一路上都是搖搖晃晃，但開進山路的瞬間，路況就不再那麼崎嶇。道路中央清楚標示一道分隔線，兩側行道樹修剪得十分整齊。

接著車子爬過一道彎曲的緩坡，映入眼簾的是宛如異世界一般的寬敞盆地。牛島把車停在路邊，命令所有人下車。

這裡是一座高爾夫球場。廣大的腹地種滿了青翠的草皮，進入正門後有一處大圓環，再深入一點的高爾夫會館，是一棟外觀不雅於超高級旅館的日式建築。腹地裡停著的車輛，更是叫人感到驚豔的壯觀。奧迪、賓士、積架，還有敞篷瑪莎拉蒂和保時捷，每一輛車子的底盤都改得極低，排成一列好像在比誰最低似的。

「你們誰會打高爾夫球啊？」小柴一派輕鬆地問道，所有參加者的回答都是否定的。

「嗯，我想也是啦。我自己也只打過幾次而已。」

「聽好啦，你們今天不是來打高爾夫球的。應該說，像我們這種人，平常根本連這地方的大門都進不來。所以，你們就把這幅光景牢牢記住吧。」

牛島嗓音嘹亮，開始陳述起這座高爾夫球場的背景。

「這座高爾夫球場是在一九八八年蓋好的，正值泡沫經濟最興盛的時期——你們應該知道泡沫經濟吧？然後，這座球場是會員制，基本上只允許持有會員證的人，以及同行的友人上場打球。順帶一提，個人申辦會員證的費用是三千萬日圓，會員平均年齡是六十八歲。」

牛島如行雲流水似地介紹。不過，帶著眾人來到山丘上眺望高爾夫球場，也稱得上是研修嗎？所有研修成員，包括來栖君在內，此時都難以理解來這裡的用意何在。

「有什麼感想嗎？」

「……這裡好和平。」

針對小柴的提問，一名研修成員如此回答，的確十分中肯。當天晴空萬里，郊外空氣清新，而且環境清幽，只聽得到牛島的說話聲。偌大的高爾夫球場上，青翠的草皮中，可以看見一群有點年紀的男子步行而過。回想到昨天為止，在假推銷研修中承受地獄般的待遇，這裡簡直就是另一個世界。

「就為了接待那幾個人，才會費力管理這片土地嗎？光是舖設草皮，還要保養護色，算下來都不是小錢耶。」

聽到這段話，小柴和牛島略感意外。

「哦，聽起來你滿懂的嘛。之前幹過類似的工作嗎？」

「沒有，只是我父親是庭園造景設計師。但在我小時候……我父親過世，公司也跟著倒了。」

「呼。」

有些人不自覺地伸展起筋骨，左右轉動脖子發出喀啦哧的聲音，也有些人不知不覺地深呼吸起來……每一名研修成員都把眼前的景色深深映入眼簾，不知道眾人心裡最強烈的感想是什麼。片刻的休息時間乍然中斷，只因小柴一句話。

「差不多了，全部上車，到下一個地方去！」

在便利商店前的觀察

接下來的目的地，距離高爾夫球場僅有數分鐘車程。沿著高爾夫球場周邊整修的產業道路往山丘下開去，一行人搭乘的車輛再次駛入田園，之後轉入一條彎道，這種正是通往「〇Ｘ工業區入口」的交叉口。

該工業區內，有汽車類、電機類與食品類等相關企業進駐，或許是因為大型車輛川流不息的緣故，路況別說比上不高爾夫球場周邊，甚至比田園中的道路還糟糕，連綿不絕的轍痕使得行車顛簸不堪。

在極差的路況中，牛島再次將車子停在柏油路上，那是坐落於工業區正中央的便利商店停車場。

「你們也差不多肚子餓了吧？不好意思，今天中午就吃便利商店的便當吧。」

一行八人在停車場下車後，才知道這個場地有多寬闊。有些停車格甚至能夠直接停下一輛長型拖車。此時正值中午時分，以運輸相關業者為主，各家企業員工都聚集在此，便利商店裡也擠滿壯觀的人潮。小柴和牛島擠入摩肩接踵的人群中，買齊所有人的食物，在櫃檯結完帳後，又回到ALPHARD車旁。

「車裡太擠了，到外面吃吧。還有，剛才沒告訴你們，這裡是今天的第二個重點。」

便利商店停車場的研修課程？小柴似乎察覺到眾人心中的疑問，露出苦笑並說道：

「這裡可是重要的研修哦，每個人都給我好好集中注意力。帶你們來這裡的目的，就是觀察人群。你們仔細觀察便利商店的客人，把他們的模樣刻在腦海裡。你們要看他們是什麼樣的人，注意年齡、服裝和特質。店裡也有廁所，我們可以慢慢觀察。」

實際上，眾人的確在這裡「慢慢觀察」。吃完飯經過一小時、兩小時，仍不見小柴和牛島宣告結束的跡象。只有一次上車，是為了不造成其他車輛的困擾，把車移到停車場的角落，之後便定時到便利商店買飲料，並持續觀察人群。

到這裡的人大多是職業司機。有些人為了到附近工廠載貨，在這裡等待約定時間到來；有些人因為長途駕車疲勞，就把車停在這裡，坐在駕駛座上補充睡眠。開著公用車、身穿西裝的人們，停留的時間較短。往往看到他們忙碌地一手接電話、另一手吃飯，吃完就匆匆離去。

又過了一段時間，研修成員中有些人因連日勞累而打起呵欠。此時，一輛巴士停在便利商店對面的站牌，大量男性成群結隊下車。這個時候，小柴和牛島終於下達指令。

「你們幾個，好好觀察那個集團裡的每一個人。」

「不管是那群人有沒有什麼共通點，或是平均年齡幾歲，任何事情都無所謂，好好地觀察。」

這群人應該都是準備到附近工廠上中班的，每個人都面無表情，只有少數人走起路來步伐還算穩健。不過有一點可以確定，就是他們的確有幾處共同特徵。

每個人都穿著樸素的作業服，而且像是規定好的一樣，每個人褲管都偏短，露出腳踝處的白色襪子。再看他們腳上的鞋子，似乎是在廉價鞋店花車上選購的折扣品，每一雙都是沒有設計感的膠底鞋，而且有點骯髒。另外就是他們的後背包，也淨是些廉價款式。沒戴帽子的人，一律頂著蓬鬆雜亂的髮型，髮際和頭頂也開始有變禿的跡象。

到底他們的平均年齡是幾歲呢？從服裝和氣質來看，感覺上大多是中高齡人士，但是再仔細一看，二、三十歲的年輕人也不在少數。不對，這些人的特徵就是讓人分不清實際年齡。

這群人離開後，另一輛巴士又載來另一群人。其中有些人從馬路對面過來便利商店，每個人購買的食品數量連一頓便飯都稱不上，接著又無精打彩地回到隊伍中。

小柴和牛島想讓研修成員看的景象，應該就是一群又一群在工廠上班的作業員。抬頭仰望天空才發現，已經到了日落西山的時間。

「好啦，看夠了吧。接下來，差不多該回事務所了。」

不知為何，研修成員個個都變得沉默寡言。到昨天為止的研修，每個人都被壓得喘不過氣來，而今天的研修是在戶外的開放空間。每個人從上午就不太隨意開口說話，而這個時候一樣沉默不語。ALPHARD 車內的氣氛，宛如前往葬禮的小型巴士，陷入一片死寂。

這一行人的心理，到底產生了何種變化呢？

＋出車研修的成果

回到事務所後，這五名研修成員的倖存者腦海中，的的確確產生各種疑問。到底今天的出車研修，目的是什麼呢？

花費如此漫長的時間，卻只是造訪高爾夫球場和便利商店的停車場而已。而且接收到的指示，就只有要求他們牢記眼前的景象；回到事務所之後，會被問到關於今天研修的感想呢，若回答得不盡理想，恐怕又要遭受一頓鐵拳制裁。一想到這點，眾人心裡也深感不安。

然而，在這群人當中，只有現任機仔手來栖君，大致想像得到這場戶外研修的意義何在。

（今天應該就會決定留下哪些人了吧，終於到了最後關頭。）

來栖君的推測的確無誤，只見小柴和牛島跟在研修成員背後進入事務所，而且兩人臉上都帶著嚴肅的表情。

小柴清了清喉嚨，單刀直入地說道：

「我就不多說廢話，直接告訴你們吧。到今天為止的研修，目的是為了挑選轉帳詐欺的現場工作人員！」

一瞬間，事務所內的空氣彷彿為之凝結，因為這五名倖存者好像還聽不懂小柴在說什麼。

即使一開始就覺得這場研修十分不合常理，但結果竟然是轉帳詐欺？所謂轉帳詐欺，不就是電視新聞每天報導的、現代日本最惡劣的組織型犯罪嗎？這就是研修的目的？不對啊，整場研修根本就和詐欺扯不上邊。到底是無法一回事呢？

五人腦海裡愈來愈混亂，牛島接著說：

「喂，剛力康祐。」

突然被點名的研修成員一臉狐疑，他就是第一天因為遲到，被小柴賞巴掌的其中一人。牛島翻開手中的資料夾，輕描淡寫地唸著：

「剛力康祐，一九九二年十二月十二日出生，S工業高校中輟——唉呦，你因為傷害罪進去感化院蹲過啊——輟學後到堂哥剛力雅治開設的裝潢公司當學徒，才一年就和堂哥吵架，鬧上警局之後離職，接著就去居酒屋和便利商店打工。家裡還有一個小你兩歲的妹妹，和母親住在T縣H市KT町的公寓M莊。哦，那附近我還滿熟的。」

牛島流利地唸出這些資訊，相對的，叫做剛力的那個年輕人，臉色漸漸發白。其他四個人的反應也相同。

雖然在面試時已經把個人資料寫在履歷表上，但剛力不記得在閒聊中曾經透露過這些訊息。難道說，他們還特地去找人調查!?在場五人的思緒愈發混亂，而小柴像是乘勝追擊似地說：

「不只剛力，其餘所有人的身家我們也都調查過了。我再說一次，你們接下來派去工作的地方，就是轉帳詐欺的事務所。你們的工作就是打電話給目標（**詐騙對象**）的機仔手。不過，就像研修一開始說過的那樣，我不會勉強你們。要不要幹都由你們自己決定。現在還是研修階段，所以要離開也無所謂，日後咱們就是各過各的，公司不會干涉也不會追殺你們。不過！為了避免接下來發生什麼『麻煩事』，我們已經徹底調查過你們的身家。包括你們的工作經歷、家庭成員，如果有相好的女人，我們也會查出她的地址和工作地點，總之就是一切都在掌握中。」

不消說，所有人都了解這段話的意思。如果現在拒絕，不去當詐欺機仔手也無妨。

但是，如果離開之後洩漏自己在哪裡接受過詐欺研修，屆時一定會遭受暴力性的報復。而且還不只是自己陷入險境，或許連家屬和女友都會遭遇不測。說白了就是暴力脅迫。

也許是因為現場氣氛過於緊張，當下沒有任何一個人敢說：「那我就此告辭啦。」

「聽清楚了吧？要不要幹，今天以內就給我答案。」

再次確認之後，小柴和牛島互相使了個眼色，小柴接著拿出手機，打了一通簡短的電話。

又過了五分鐘，整間事務所陷入一片讓人想逃離的死寂，突然間，一名男子氣勢洶洶地闖入。男子進入室內的動作十分粗暴，簡直像要把門踢破。看他的年紀應該是三十出頭，渾圓的臉蛋因日曬而黑得發亮；猛一看他身上的西裝似乎是高級貨，厚實的胸膛幾乎快把外套撐破。

來人便是轉帳詐欺店舖的老手桶仔主，也是新任二掌櫃毒川。他現在的模樣和之前與掌櫃加藤密談時全然不同，圓形臉孔上那一對炯炯有神的大眼，霸氣外露，甫一登場便帶來一觸即發的威嚴與壓力。

「你們就是研修的倖存者啊！我是管理詐欺桶仔的桶仔主，我叫毒川！」

毒川講得口沫橫飛、氣勢驚人，讓五名研修成員一下子畏縮起來。毒川見狀，發出比過去小柴責罵眾人時，更加洪亮的聲音怒吼道：

「喂！還坐著幹嘛！」

捱過每天早晚如軍隊點名似的發聲練習與種種訓練的五名研修成員，聞聲立即站起，幾乎快把椅子撞翻。毒川那張黝黑的圓臉額頭處，冒出充血的血管，散發出一股彷彿馬上就要動手殺人的魄力。然而，毒川下一句說出口的話，令在場所有人哭笑不得。

「欸——晚安安呀。」

此時毒川的口氣與剛才判若兩人，聽起來十分溫柔。

「晚、晚安？」

眾人姑且還是異口同聲回話，但仍舊因為毒川前後的巨大落差而意外不已。小柴與牛島也苦笑起來。

「哇哈哈，我啊，最不習慣這種正經的場合了，大家可以坐下了。我想突然間叫你們決定要不要當詐騙集團，應該每個人都嚇一大跳吧。不過啊，我也不是不通人情，不會強迫什麼都不懂的人，一定要來做詐欺。各位都還這麼年輕，真要踏入這一行的話，就某種意義來說，這可能是一個左右你們今後人生的決定。接下來我要說的話可能比較長，你們要仔細聽，然後慎重思考，最後還是忠於自己的想法來下決定，懂了嗎？要幹不幹，你們自己決定。」

眾人發出喀啦喀啦的聲音，一齊坐在鐵椅上，毒川站在白板前，拿出紅色麥克筆寫下幾個大字，再把那行字圈起來。

白板上寫著：**詐欺能算是犯罪嗎？**

✚詐欺能算是犯罪嗎？

事務所裡鴉雀無聲，毒川的聲音又更加清楚。而事務所的窗口，傳來外頭幹道上往來車輛的引擎聲。窗外是一片日常生活，而事務所中是「詐欺研修最終階段」的非日常景象。參加研修的成員，再度被捲入非日常的詭異環境中。

「首先我希望大家一起想想，**詐欺真的是犯罪嗎？**那個大塊頭，你怎麼想？」

被毒川指到的男子，年齡大概二十五歲左右，身高似乎有一八〇公分以上，但他臉上帶著怯懦的表情回答道：

「我覺得……應該算是犯罪。」

知道自己正在參加詐欺研修，卻還敢說是犯罪，這個「大塊頭」的確是勇氣過人。

然而，毒川的情緒仍舊冷靜、和緩且溫柔。

「好，回答得好，你說的是正確答案。」

大塊頭看似安心地輕輕吐了一口氣。然而，「詐欺是犯罪」無疑是理所當然的一件事，這個名為毒川的男子刻意這麼問，到底有何用意？

「接下來，我們繼續更加深入思考。你們說說，什麼叫犯罪？」

研修成員們一一列舉出自己想得到的犯罪，諸如：殺人、強盜、強姦、傷害、竊盜、詐欺……給予充分的思考時間後，毒川又接著說道：

「其實很簡單。所謂犯罪，就是殺人或傷害別人的事情，或是搶奪金錢、物品，欺騙他人，還有破壞世間的秩序。人類是一種群居的生物，對吧？或許有人會覺得自己一個人也能活得很好，但這種想法並不正確。就以你們今天來到這裡為例，首先要有人舖設道路，然後，我們也不可能光著身子在外頭蹓躂，所以必須有人做衣服，另外，還要有人製造電車、有人駕駛、有人發電。人類聚集在一起，並且各自負擔自己的工作，才能建立一個社會。在這樣的環境中，如果不約束大家剛才說的那些犯罪，這個社會應該就無法順利運轉吧？簡單來說，為了維持人類建構出來的社會，就必須把『做了會產生不良影響的事情』規定為犯罪。」

毒川慢條斯理且仔細地繼續說明。或許是因為聚集在眼前的這五人，過去從來不曾思考過犯罪的定義。

「好，接下來是重點，你們再想想看。詐欺這件事，是利用欺騙的手段，奪取他人財物。沒錯，這當然是犯罪。但是，我希望你們再深入一點，好好地想想。你們有沒有被人騙過，因此損失金錢、物品或自己的時間呢？或是親友之中有這樣的經驗？然後，騙人的那個人，也不會因為詐欺而被逮捕，這不是很奇怪嗎？對吧？」

眾人再度陷入沉默約一分鐘，每個人好像都在翻閱自己的記憶和經驗。在一片寂靜中，毒川再度發出強而有力且低沉的聲音，繼續說下去。

「怎麼樣？這世上利用欺騙手段奪取金錢，卻又是合法的生意，簡直多到數都數不清了吧。舉例來說，賣能量寶石的店家，或者有人專騙沒存款的人去貸個兩百萬；打開電視也可以看到，根本不知道有沒有效果，一看就覺得很可疑的健康食品，卻以極高的價格販售。你們每一個人都還年輕，卻已經嘗盡苦頭，這一點我非常了解。但是卻有人鎖定像你們一樣辛苦的年輕人，利用『取得這項執照就能找到工作』的話術，推銷教材或開立補習班，這種人你們怎麼看？付了大筆錢取得執照，真的就能馬上找到工作嗎？

就算找到了工作，真的就能養得活自己嗎？為了賺錢，強迫推銷連個屁都稱不上的執照，如果學員找不到工作，業者也只會說『那是個人問題』，之後就不聞不問。」

來栖君坐下的位置，可以看到另外五名研修成員。當他看到其中幾個人，微微地點頭表示贊同時，不禁讚嘆不已。這番話，真的打動研修成員了！想當然爾，毒川也看得懂眾人的反應。

「那你們告訴我，如果欺騙別人、奪取金錢是詐欺的話，那為什麼我剛才說的那些生意，都不算犯罪？為什麼沒人因此被逮捕？你們覺得原因是什麼？隨便去路上問，絕對能找到很多被那種業者欺騙，因而欠了一屁股債的人。好，杜，說說看你覺得是為什麼呢？」

冷不防被問到這個問題、叫做杜的男子，瞬間嚇了一跳。在剩餘的研修成員中，他看起來特別年輕，而且是個身型纖細的青年，看上去大概只有二十歲出頭。在研修期間，經常可以看到他因為小柴的責罵而露出怯懦的表情。雖然杜可能沒什麼社會經驗，但是他的回答卻意外地到位。

「我覺得那是因為……買賣雙方中間，的確存在一項實體商品，所以就能說是買方自願接受交易條件。」

聽到他的回答，毒川深深地點了個頭。

「正是如此，就算是把垃圾拿來當商品，只要中間有一項實體，就可以用『自願』來開脫，也就是說買方在購買時的確是同意交易，所以就不是犯罪。但是哦，事實真是如此嗎？其實，我以前幹過不動產業務，就算有些人一看就知道將來絕對付不出貸款，或者是夫妻之中只要有一方生了點小病，就一定會被房貸壓垮。哪怕連頭期款都沒有，我也會幫他們貸到房價全額，銀行其實也很喜歡跟我們合作，因為那時候就流行買房子。實際上，最後到底有幾個人因為繳不出貸款而宣告信用破產，我不知道；有多少家庭、多少孩子因此流落街頭，我也不知道。但是啊，有時候經過之前自己賣掉的房子，會發現門牌上的姓氏已經換過，或者整間房子變得像一座廢墟，每次看到這種場景，我都覺得胃部一陣絞痛。因為我是個膽小鬼，連帶罪惡感也很重。被騙的人是自己活該，這種話我還真說不出口。」

這番不尋常的言論，讓眾人聽得入迷，就連原本安插在裡面當內應的來栖君也不例外。毒川是為專門欺騙他人、奪取金錢的詐騙集團工作，而且還是有點地位的桶仔主，很難想像他竟然可以說出這番大道理。毒川環顧眾人後，再次轉身面對白板，寫下兩行偌大的文字。

一、欺騙一個身無分文的人，用全額貸款兩百萬日圓，買下毫無價值的東西

二、欺騙一個擁有兩千萬日圓存款的人，從中奪取兩百萬日圓

接著，他握起拳頭敲了敲這兩行字，繼續往下說：

「我已經在詐騙集團幹了好幾年，但是，像之前賣房子的時候，心裡充滿罪惡感的情況，幾乎一次也沒有。因為，或許這真是一件犯罪，但並不是最惡劣的犯罪。懂嗎？現在詐欺一次平均能騙得的金額，大概就是兩百萬。對你們來說，兩百萬可能是一筆鉅款，要是真的被騙那麼多錢，早就要去上吊嘍，可以說是攸關生死的金額。但是，透過詐欺奪取的兩百萬就不一樣，那些人可以在一天之內湊足兩百萬，生活一定過得還不錯。那些人被騙走兩百萬，或許心裡會感到悔恨，但並不是真正錐心泣血的痛，而且失去這兩百萬也不會馬上要了他們的命。我做詐欺但不會覺得有罪惡感，原因在於我鎖定的對象，都是一些失去兩百萬也不痛不癢的族群。就算詐騙的金額高達一千萬或兩千萬，只要付得出來，就代表失去這些錢，他們也不會覺得受到傷害，所以我心裡才會完全沒有罪惡感。你們早上出去研修時，看過高爾夫球場和工業區了吧？現在希望你們回想一下，

在平常上班的日子，可以從白天就開著高級車去打高爾夫球的人，都是些什麼樣的人？我們設定的詐欺目標，就是那些人。」

＋富裕高齡者與貧困年輕人

研修成員腦海中，浮現了白天才剛看過的高級會員制高爾夫球場，以及停車場裡的各種景象。若將停在那裡的所有車輛全部加總起來，到底是多少錢呢？應該不是一億、兩億這樣的金額。如此驚人的「財力」，確實足以在那座山上開發一座高爾夫球場。

同樣聽得入迷的來栖君，在此時突然回過神來。因為他事前接收到指示，「提到高爾夫球場」就是裡應外合的時機。因此他舉起手來，並獲得發言的權利。

「那個，我覺得有點奇怪。我知道那座高爾夫球場的會員，應該都是一些老人。但那些老頭子的錢，不也是他們拚命工作存下來的嗎？也可能是他們退休後的養老基金。但您說騙他們的錢沒有罪惡感，會不會說得太有自信……？而且，也不是每個老人都那麼有錢啊。」

如果知道這些問題都是事先套好的，或許會覺得這只是一齣鬧劇，不過另五名參加者，還是聚精會神等著毒川回答來栖的問題。這一招安排得非常巧妙，因為上述提問，確實也是其他人心裡的疑惑。

「你說得可能沒錯，老人家裡的確也有窮人。還有他們存下來的錢，也許是辛苦工作的成果。但是，數字是不會說謊的，我這裡有一份資料。現代高齡者的平均存款金額，是兩千萬圓，還不包括不動產等資產。全日本所有人存款總額的六成，都集中在六十歲以上的人手中。而且，他們平均每個月還能領到十八萬的厚生年金。**這個金額，幾乎就等於你們今天看到的工業區工人平均月收，而老人不用工作就能領到。**固定領取年金的老人中，有四成根本用不完，所以存款愈來愈多。到他們死去時，沒用完的錢加上不動產，全部合計起來平均也有三千萬圓。」

毒川每說一個數字，就會一絲不苟地寫在白板上。日本是一個由富裕的高齡者和貧困的年輕人所組成的國家。這樣的觀念，已經深深植入五人心中。

「這就是我覺得不可思議的地方。這些老人明明擁有用不完的錢，卻不拿出來花。拿去買高級車或打高爾夫球，我都還覺得還算合理。如果這些人願意花錢，等於是給年輕人製造工作機會。如果他們去買東西，那麼錢就會流到製造商品的年輕人手中。但是幾乎所有老人，都只是為了自己把錢存下來，完全不使用。他們只擔心錢被搶走，也不願讓存款減少，反正就是只會兩眼閃閃發光數鈔票。全日本的錢都握在這群人手中，死也不拿出來用，才會害年輕人不管怎麼辛苦工作，脫離貧窮的機會還是愈來愈少。今天你們看到那些在工業區上班的傢伙，再怎麼認真、努力也得不到回報。不管他們工作多少年，永遠也買不起一張高爾夫球場會員證。這是誰害的呢？你們因為缺錢又沒工作，只好來應徵這個工作，被研修整慘仍選擇留下，一定最了解工業區那些人的處境吧？不是嗎？」

這場研修終於進入尾聲。毒川把先前寫在白板上的字全部擦去，接著再用比剛才更大的文字寫下：**老人是日本的毒瘤。**

「日本的老人，是世界上最有錢，也是最小氣的人種。年輕人吃不飽在呻吟的時候，但這群老人卻死抱著錢還一副得意洋洋的模樣，所以從他們手中奪取區區兩百萬，我心裡完全不會有罪惡感。甚至可以說，我覺得這是一份值得尊敬的工作。」

若是在研修第一天聽到這番話，可能沒人能領悟其中的意義深遠。更或許會覺得詐騙集團是一群窮凶惡極的人。但是現在不一樣，毒川所說的話已深深烙印在研修成員們的心中。

最初二十人以上的候補，如今僅存六人。對於過去那場毋庸置疑的血汗研修，以及小柴和牛島無視人權且粗暴無比的對待，眾人心中懷抱著強烈殺意還是撐到最後。原因很簡單，只是為了**活下去**。就為了一週十萬、一個月三十萬的薪水，他們願意忍受在地獄裡所受的屈辱。因此留下來的所有人，可以說會為了錢去做任何事。因為他們各有苦衷，就算跪著也要掙錢。正因為研修成員有這樣的特性，毒川那番話不僅造成典範轉移（Paradigm shift），甚至說令人深深感動也不為過。

到了這一步，毒川也不需要再多說什麼。因此他決定做出最後的總結。

「不好意思，講了這麼久。說正經的，來談談將來的事情。今天，決定留在我們底下做事的人，下個月初開始就要去上實際的詐欺研修。到那之前的生活費，講好的二十萬，我等一下就會發，沒地方住的人說一聲，我們會安排。等到你們實際可以上場工作，一個月至少保證有五十萬圓。然後就是交通費，每天給兩萬。要是真的詐欺成功，報酬是得手金額的百分之十。就是說成功得手兩百萬的話，可以拿二十萬。厲害的人一年可以賺到五千萬，更有些機仔手寫下年收一億的傳奇。最重要的一件事，就是我這個在這行打滾好幾年的人，現在，站在這裡，跟你們說話。」

至此毒川暫時閉上了嘴。擁有多年詐騙集團工作資歷的毒川，現在站在這裡，到底是什麼意思？這句話的用意，正是為了消除聚集在此的五個人，腦海中最後僅存的一絲不安。

「我想說的事情很簡單，就是我還沒被警察抓到。幹詐欺這一行，在店舖裡工作的機仔手，幾乎不會被逮捕。事實上，我到現在待過的店舖，從來沒看過任何一個人被逮捕。每次被逮到的，都是和店舖無關、另一支收款團隊的人。雖然我們偶爾會在新聞上看到，哪家店舖的機仔手被逮捕，但你只要知道，那些都是管理不當的店舖即可。我們公司的店舖有一套徹底實行的防衛措施，即使有什麼萬一，也不可能抓到機仔手。而實行這套防衛措施，就是我身為桶仔主的責任。所以，你們就把生命暫時交給我吧，我也會賭上生命守護機仔手。你們可是通過一流詐欺店舖的嚴格選拔，留下來的菁英，這件事，真的值得感到驕傲。這邊的小柴和牛島，在研修時很不客氣吧？你們當時應該被皮鞋踹頭踹到七葷八素了吧？」

小柴和牛島忍不住苦笑，五名研修成員也輕聲笑了。

「那麼，最後的最後，還是留給你們自己決定，我想說的話都說完了。詐欺不是真的那麼罪大惡極，而且超好賺，也不會被逮捕。只要好好跟著公司，就不用再為生活操煩，也不會一直覺得努力沒有回報，更不會感到懊悔。你們，**是被選上的人**。以上。」

名字叫杜、看來十分聰明的年輕人，像是下定決心般咬著下唇。叫做剛力的那個有點壞壞的年輕人，雙眼閃耀著光芒。「大塊頭」則像是對毒川所說的話有感而發，眼中看似含著淚。

「這些人，應該全都會留下來。」

毒川、小柴、牛島還有來栖君一行人，都有十足把握，而事實也正如他們所料。這一天，五名研修參加者，全都意志堅定地留下來當詐欺機仔手。

毒川說完最後結論沒多久，小柴又用參加者永難忘懷的沙啞聲音，奮力喊叫著：

「好啦！所有人，起立！」

「唰」的一聲，全體研修成員都站起身來，並維持立正不動的姿勢。

「最後，還是和平常一樣練習發聲！早安！」

五人如反射動作般正準備複誦，毒川趕緊阻止他們，並且狠狠地往小柴頭上敲下去。

「等等、等等、等等！小柴，你在幹麼，這麼晚了還這樣大吼大叫，會吵到附近鄰居啦！」

在場的研修成員，這時候終於無所顧忌地哄堂大笑。

撐過了嚴格的研修，成為被選上的人。只要跟著這家公司好好做，就能獲得足夠的收入，進而改變過去那段悲慘的人生，公司就是眾人的希望。

堅持到最後的這五人之間，產生了一股強烈的革命情感。

十大義凜然的詐欺犯

詐欺現場機仔手全都擁有高得異常的拚勁，採訪的人物和次數愈多，我的感受愈是強烈。

每個人都不惜辛勞地努力鑽研技巧，透過學習與創意，卯足全力只為了從高齡者身上更有效率地奪取更多金錢。這股拚勁到底是怎麼培養出來的呢？為了理解人心的微妙之處，必須花費很長的篇幅，不過我還是將採訪過數個詐騙集團的研修細節，彙整在本書中。

說起來很簡單，研修就是**洗腦**。實際上，不管是由八大行業轉職過來，一開始就是詐欺機仔手候補的種子選手，或是像此次留下的五人，是透過求職管道找來的初學者等級選手，在派屬至店舖之前，都會經過一場成為詐欺機仔手的研修，而這場研修則是使用了更加露骨的洗腦技巧。

先前提及的研修中，我寫成小柴的參考人物，在接受採訪時信誓旦旦地說：詐欺研修洗腦的方法，就是以自我啟發訓練營為藍本來設計的。

「優先順序的最重點在於，集訓研修。經常有人說，住在一起的研修是為了『將成員隔離在無法逃脫的環境』，但詐欺研修略有不同，更大的意義是讓團隊形成生命共同體。有時候我們會租借一個山莊，或者是短期包下一個郊區的事務所；如果選定事務所作為集訓場所，我們會讓成員去附近的澡堂洗澡，所以不能算是絕對無法逃脫的環境。」

實際上，詐欺的現場業務研修，並不需要花費多長的訓練時間。訓練八大行業轉職過來的新人機仔手時，誠如先前所述，就是「直接配遣至營運中的店舖，要求他們熟記話術。等到背下腳本之後，再去觀摩前輩機仔手或講師實際的工作情況，或參與角色扮演的實際演練（**每個人都會輪流扮演三方行騙的角色和被害人**）」，至此詐欺業務的研修就算結束。

然而在實際演練中加入洗腦研修課程，才是詐欺研修最重要的一環，小柴教練（**的原型人物**）這麼說：

「我們舉辦的研修，屬於『負面與正面的結合』。例如『五十個失敗』，就是叫候補成員圍成一圈坐下，再叫他們輪流發表『人生中自己搞砸的失敗經驗』。接著再叫他們每個人對別人的失敗經驗發表感想，過程中必須遵守兩個規矩，就是『絕對不准同情對方』和『不准有任何藉口』。我們會花時間讓成員徹底理解，不管什麼樣的失敗，最大的原因都出在自己。這就是典型的負面研修，重點在於讓發表失敗經驗的本人，了解所有的失敗都是自己的決定所致，不是任何其他人的錯，也不是這個世界或環境的錯。自己每一次面對難關之際，都沒有做出最佳的選擇和必要的努力，所以失敗是自己親手造成的。」

也有人把負面研修稱為「蓋布袋圍毆」或「全員痛打研修」，如此聳動的別名，應能想像其嚴苛程度。在五十個失敗即將結束之際，幾乎所有人都瀕臨人格崩壞的境界。

「如果有人中途硬要離開，我們就會派人把他壓制住，強迫他參加到最後。因為有些人確實當場表示自己不配當人，甚至有人嚇到屁滾尿流。所有人都要發表一次，而最重要的一點就是，舉辦的時間都選在半夜。還有，詐欺研修當中的負面研修，都是只針對初學者，因為實在太危險。」

透過負面研修，徹底剝奪機仔手候補成員自我肯定的信心後，接著便實施完全相反的正面研修。每一場正面研修，則都從拍手開始。

「首先，針對撐過負面研修一事，我們會徹底予以表揚。例如對他們說，一般人根本無法忍受這種如地獄般的研修；或是告訴他們，直視人生中的失敗雖然是件痛苦的事情，但是你們已經徹底品嚐到箇中滋味，往後的人生若是遭遇任何難關，一定都能做出必要的選擇和努力。至今的人生為何那麼不順利，原因就在於自己把所有失敗的責任都推給他人，但從這一刻起，自己已經改頭換面了。」

以誇獎作為開場的正面研修，也有幾種形式，例如有一種叫做「三千萬圓的夢想」。

「就是告訴他們，如果有哪個詐欺機仔手賺到三千萬圓的話，就會舉辦一場發表會，讓他們分享自己要用這筆錢做什麼。發表自己的夢想之後，其他參加者會說：『太小家子氣啦，要就玩大一點啦！』總之就是不斷煽動。另外也會介紹靠詐欺成為人生勝利組的人，實際分享離職後的人生，有時候還會擺出整桌的現金給他們看。目的就是讓他們親眼看到**很多錢**，再告訴他們，自己也能賺這麼多。像這樣的正面研修，大約都是在桶仔營運期間，每天下班前的檢討會，或是關閉桶仔到下一次企畫開始執行的待機期間舉辦。或者我們會找賺了大錢的前輩，特地開著最名貴的車子過來，向在場的後輩們分享經驗。」

每一場正面研修的最後，所有機仔手都會圍成一圈，大喊三次：「我們做得到！做

得到！做得到！」

「有些店舖還會在早上帶機仔手去慢跑，好像邊跑邊喊『一、二、三、四、是我！』當然，最後那聲『是我』指的就是『是我是我』的意思，真的很爆笑耶。」

類似的研修還有很多種類，共通點都是在參加研修的人心裡，植入以下「大義凜然」的名分：

- 詐欺是出色的「工作」。
- 配屬到店舖的機仔手，都是被選中的優秀人才，才能獲得這個機會。
- 詐欺雖然是犯罪，但還不是「最惡劣的犯罪」。因為詐欺只是一門生意，過程是「從付得起的人身上奪取金錢」，詐欺被害人受到的傷害很輕微，還有許多其他更惡質的合法生意。
- 雖然利用詐欺從高齡者身上奪取金錢是犯罪，但是其中存在著「正義」。坐擁大筆財富卻不消費的高齡者，是「年輕世代的敵人」、「日本的毒瘤」。
- 只要在這裡好好賺一筆，確實能夠改變往後的人生。

這不是洗腦，那什麼才是洗腦？現場機仔手們全都深信這個大義凜然的說法，應該可以說他們也打從內心願意接受洗腦。這麼做的原因，我想應該不必多加贅言。

在這幾項大義凜然的名分中，只有「詐欺是犯罪」一點有問題，除此之外的內容，確實包含著合理的主張。日本的高齡者死命抱著儲蓄，不願透過消費來活絡經濟；年輕人所得日趨降低、對未來感到不安，還有一些游走在法律模糊地帶的惡質企業，卻不曾遭到逮捕，這些都是事實。因此，經過這一番洗腦，年輕人堅信自己無論再怎麼努力，都無法獲得經濟上的回報，導致他們心中充滿「經濟層面的無名怨憤」（Ressentiment）。

另外還有一點強烈引吸著年輕機仔手，那就是上述故事中登場的「掌櫃」加藤和「桶仔主」毒川，亦即現場的主管。

十 大掌櫃的「迷人光采」

某年某月，東京市區某家大飯店三樓大廳的咖啡廳內，我與一名三十三歲、慵懶地坐在沙發上的男子見面，他給我的感覺是「果然又是『這種類型』」。他穿著一雙尖頭的翼紋皮鞋，搭配一條色調素雅的卡其褲，整個身體像是陷入沙發似的，雙腿微開。上半身穿著一件馬球衫，粗壯的上臂把袖口整個撐開，整體感覺好像是運動選手一般。他有一張曬得恰到好處的古銅色臉龐，頭戴一頂民俗風刺繡的狩獵帽，整體予人一種不平衡的道上氣息。

「我自己當上掌櫃才兩年，是從現場機仔手一路爬上來的。你問我升上掌櫃的條件嗎？這個嘛，或許不是什麼值得一提的事情，首先要看在同一家公司待幾年，跟上班族一樣。當一名機仔手，最重要的是不背叛上層，連續待在同一家公司裡。從金主的角度來看，要是有人敢收了錢直接跑路，毫無爭議只有死路一條，這些你應該懂吧？」

對方說話時，雙眼目不轉睛，態度坦然。開朗且健康的表情中，傳遞出「豪放」與「無懈可擊」的訊息，舉手投足都散發滿滿的精力與自信，甚至讓人感到明星的氣質。

這個人就是「大掌櫃」。目前為止，透過採訪僅接觸到數名大掌櫃，但每位大掌櫃在初次見面時，全都讓我留下難以忘懷的強烈印象。這位三十三歲男子，就是大掌櫃河田君，身上同樣散發出一股所向披靡的氣勢。雖然不知道怎麼形容比較恰當，但是他的人格特質，讓同為男性的我覺得「眼前這個男人可以信任、值得為他赴湯蹈火」。他的聲音讓人聽了覺得很舒服，表情也很豐富，表現沉穩，個性開朗，還帶點魄力。

我問過幾個人，在詐欺這一行裡，若想升上掌櫃，必須具備哪些條件。以下就是彙整後的內容。

- 能言善道的能力（猶如立於雞群中的鶴，一句話就能號召全場）。
- 擁有強烈的好奇心並且謹言慎行。
- 身上沒有背負債務。
- 絕對不准濫用藥物。
- 低調簽賭。喜歡豪賭的人，基本上無緣晉升為掌櫃。
- 自己的娛樂十分低調，願意把錢花在別人身上，喜歡請客。
- 不准惹事生非。
- 面對組織內無可避免的爭議，知道自己該站在什麼樣的立場。
- 人脈充足，具有號召他人的能力。
- 能夠培育機仔手。

看完以上幾點，各位應該就理解，在詐欺這個違法產業中，能夠召集人手並安定地帶領團隊，的確是掌櫃的必備條件。然而，採訪完所有人之後，在我腦海中僅留下一個印象，最終決定晉升為大掌櫃的要件，其實只有「依人格判斷」或「依男子氣概判斷」，河田君正好就符合這兩項要件。而且，對於在自己底下工作的現場機仔手，他會深入去關心每個人的心情。

「我啊，就某種意義來說，其實並不反對黑心企業的做法。所謂黑心企業，雖然被除名（**待不下去**）的傢伙總是怨聲載道，但你看，留下來的人不是每個都充滿幹勁嗎？另外再以拉麵店或居酒屋為例，裡面的人不都吃苦當吃補，就算薪水再低也會努力不懈，為的就是守護一家店！這就是我們想營造的感覺，S的店舖啊，說起來其實是福利超好，薪水很敢給的黑心企業。雖然他們尋找適合現場工作成員的手段，的確是依照黑心企業的做法，但是S店舖給出的福利，卻也是其他店舖無法比擬的優渥。」

實際上，河田君主理的店舖，除了會依業績（**詐欺收益**）比例支付獎金給機仔手以外，員工福利更是優渥。

舉例來說，機仔手在工作期間，接受進階研修的費用，由大掌櫃支付——不少店舖會要求機仔手自己出錢。另外，為了因應機仔手遭到逮捕的情況，河田君的店舖還會提存公基金。若店舖有一、兩名機仔手被逮捕，只要撐過警方訊問，不把高層人員供出來，公司就會保障他們出獄後的生活與工作。甚至於如果是已婚的機仔手，還能領取「家屬補貼」。

雖然公司禁止機仔手之間互相聯繫，但每次店舖解散或中大獎（**從一名被害人身上取得高額金錢**），都會舉辦犒賞派對，所有人一同飲酒、狂歡作樂。當機仔手賺到某種程度的財富，決定從這一行引退時，也會舉辦送別會，想用賺到的錢開公司或需要人脈時，也可以向公司前輩諮詢。甚至有什麼生涯規劃，公司也都會給予協助。

「這是一定要的啊，因為大掌櫃真的賺滿多的。不過，賺到的錢不能只顧著自己花，而是必須用來幫助別人，在第一線工作的人經常這麼說。如果只是一直存錢，或者只顧著自己賺錢，就可能遭人暗算（**搶劫詐欺收益**）。打從踏入八大行業的那一刻起，一旦遭人怨恨或嫉妒，就可能隨時被人從背後捅上一刀。不過話又說回來，有些不良少年想搞些生意來做，經常會被其他組織併吞，道上就是人吃人的世界。雖然花錢太過揮霍，很容易引起警方注意，但我還是堅持相同的原則，把錢花在自己同輩或後輩身上。不管是去成人俱樂部或陪酒坐檯的店，反正舉辦什麼活動都好，我認為靠這行賺到的錢，就是得用來照顧底下的人。」

高齡者只知道存錢而且一毛不拔，真可謂是「日本的毒瘤」，把他們的錢搶過來、回饋給下個世代的年輕人，這就是河田君的想法。但他使用的手段是詐欺，所以很難稱之為正義，在採訪過程中，我也遇到有些人是真正對社會有貢獻，不是說笑或耍帥而已。例如二〇一一年東日本大震災之後，就有大掌櫃捐出難以置信的鉅款，目的是為了援助受災地的年輕人和孩童。據說金額之高，約是一般上班族好幾年的收入。而同一個人在地震發生之後，也馬上編寫出一部詐欺腳本，鎖定受災地高齡者為詐騙目標，由此可知他的所作所為，都遵循著「道上認定的平衡」與「道上認定的正義」……

至少，這些大掌櫃底下工作的現場機仔手，每個人心裡都懷抱著一份強烈的情感。就是對大掌櫃和桶仔主的「崇拜」。

年輕人面前的「成功人士」

說起來非常容易理解，對現場機仔手而言，大掌櫃或桶仔主，就是眼前活生生的「成功人士形象」。我本身深切感受這股向心力的經驗，其實並不是在接觸詐欺業界之時，而是在報導「建築與土木」業界人口高齡化、年輕接班人急遽減少的現狀時，採訪該業界的老師傅，他們這麼說：

「我想你跟那麼多老師傅聊過，最後大家應該說的都差不多吧。反正我們這些工地師傅就是不夠帥氣，所以才沒有年輕人想進來做。在我們年輕的時候啊，因為家裡窮，自己又不愛唸書，從初中開始就出來混暴走族，引退之後就被地方上的黑道吸收，或者投靠建築土木的師傅，人家吩咐什麼就做什麼。看著做工的師傅或前輩，大家都開大車載著大奶妹，時不時就請我們上酒家，在那個年代可是非常帥氣。那我們就想出師以後，也要變成那樣的大人。結果現在自己出來帶工班，根本賺不了幾個錢。看我的車就好，只開得起胖卡。副座載著老婆，小孩都坐後面，週末就是幾個師傅的家庭一起烤肉，年輕人看到只覺得『這什麼爛生活』。」

這番話聽來極具說服力。現在的年輕人，確實都無法在身邊找到「成功人士形象」。也就是說，沒有一個目標讓他們覺得「只要做這工作，就能變得跟那個人一樣」。

另一方面，這些年輕世代的人們，變得愈來愈像「清新小混混」或「軟腳屁孩」。每個人都缺乏上進心，也不會嚮往大都市，只想待在老地方和同伴混在一起，心裡沒有多大的理想，就算薪水很低，也能靠同溫層的夥伴互相幫助，滿足於現狀，這就是現代年輕人的形象。

然而，在這樣的風氣中，還是有些年輕人十分積極上進。然而，在清新小混混的同溫層裡，這些具備強烈上進心的人，反倒很容易被貼上「難相處」的標籤，因為這些清新小混混身邊並沒有一個可作為標竿的成功人士，以致於同溫層形成一個推崇放棄主義的佛系團體。在這樣的團體中，若出現一名因積極進取而嶄露頭角的年輕人，就像河田君這樣的大掌櫃，會帶來什麼樣的刺激呢？

此時因應而生的變化，就是其他人對大掌櫃這位成功人士的崇拜。然後內心也會覺得「只有我們掌握成功的方法」或「只有我們認識這麼帥氣的前輩」，總之就是極為露骨的優越感。

在我採訪過的年輕機仔手當中，曾經有人這麼說道：

「就算把我的嘴撕開，我也不會跟老家的朋友說自己在做這一行。因為他們一定會很吃驚，而且還會看不起我。不過啊，我覺得那些傢伙才是白痴。他們工作一年的收入，我只要花一個月就能賺到。我們根本是不同世界的人，在我眼裡，他們只是『被貧窮豢養』的一群，對自己的要求低到不像話。」

也就是說，在不良少年的印象裡，普遍還是覺得靠詐欺過活是件「很遜」的事。在採訪中我還聽過「手頭方便，人就不見」這句話，對於昭和年代出生的人而言，可能難以體會背後的原因。說穿了就是現代的日本，認為有錢的年輕人「一定都是搞些非法的勾當」。

但是，周遭愈多人覺醒過來，具備高度上進心的機仔手就愈是充滿幹勁。因為他們是「經過意識改革的清新小混混」，並且「背負著不為人知的熱情，不與清新小混混同流合汙」。因此，培育詐欺機仔手的血汗研修制度，最大的功用就是**從因貧窮而限縮想像力的人力市場中，精準地找出適合這一行的人才**。

以上所述，即是專騙老人的詐騙集團，為何擴張到如此大規模的原因。日本的財富都集中在高齡者手中，年輕人幾乎快活不下去，是不爭的事實。在現代日本的大環境中，成為機仔手的年輕人，大都是被前述大義凜然的名目洗腦，甚至有些人本來就深信，必須讓高齡者付出代價。再者，撐過比黑心企業還嚴苛的選拔，留下來的機仔手都能獲得肯定自我的成就感，加上身邊有成功人士作為標竿，高層幹部又鼓吹「男人的向心力」和「再分配的美學」，營造出令人醉心的氛圍，因此隸屬於詐騙集團，才能讓年輕人具有強烈的優越感。

看到這裡，各位應該就明白，專騙老人的詐欺案件永遠不可能根絕。這些年輕機仔手每一個都充滿幹勁，就算不是投身詐欺業界，一有機會也勢必會毫不猶豫地以欺騙手段奪取高齡者的財產。我在第二章最初曾說：「就算知道手法與話術也沒有意義」，原因就在此，年輕人只要有心，想從高齡者身上奪取財富，自然就會不擇手段。

上述對幹部的醉心崇拜，以及隸屬於組織的優越感，更讓機仔手把高層幹部當成「恩人」，絕對不會將他們出賣給警方。萬一哪天店鋪真的被舉發，公司高層被逮捕的可能性又更加降低。即使因為舉發導致現場店鋪全滅，只要高層未受波及，就可以像上一章所述，再次培育價值觀與條件相符的機仔手，東山再起。

實際上，機仔手並不知道，組織裡有一群高高在上的金主，都是名符其實的「壓榨者」。他們只要躲在安全的地方，不必弄髒自己的雙手，只要像投資公司一樣，讓年輕人去欺騙老人，並從中壓榨大筆利潤。

然而，現場機仔手就算知道實情，更加不會把組織高層的金主出賣給警方。因為他們是「為了照顧年輕人而投資」的金主，並且建立起詐欺所需的基礎建設；和那些一味只知道存錢，連花錢犒賞都不願意的高齡者相比，就算金主是壓榨者，在年輕人心目中仍舊是正義的化身。這樣的想法，已經徹底深植於年輕機仔手的心裡了。

第四章

專騙老人的詐欺犯是何方神聖？
——四個實例勾勒出真相

東京與其近郊附近的不良少年十幾歲時就當起了機仔手，大概二十歲就可以升上詐欺店鋪的桶仔主，業界將這一代歸類為「靠關係入行」。

十 機仔手的劇烈轉變

接下來談談，實際上年輕人在專騙老人的店鋪現場，擔任機仔手的工作內容。這群幹勁十足、犯下詐欺罪的年輕人，究竟經歷了哪些過去？首先讓我們簡單概述。

冒名詐欺在二〇〇三年左右開始急遽增加，主管現場的核心成員，大都是債台高築的人，或是地下錢莊業者。當時地下錢莊催收手段十分激烈，甚至會叫人「賣器官來還債」，加上極不合理的高利率，儼然形成社會問題。面臨法令修正（**地下錢莊對策法於二〇〇三年第一五六屆國會通過立法**），地下錢莊也迎向重大改變。當中勢力最大的「五菱會系列地下錢莊」，最高層幹部遭到舉發，整個系列錢莊都宣告關門大吉。其中，有些地下錢莊經營團隊及現場幹部，在此之前就已經提前離開高利貸產業，開創另一門生意，這也是必然的結果。而冒名詐欺就是這些人創立的一門新「生意」。

沒錯，初期的詐欺機仔手都擁有地下錢莊的工作經驗，所以詐騙集團採取「金主、掌櫃、系列店鋪」這種金字塔式組織架構，其實就是把五菱會系列地下錢莊的體制照本宣科搬過來，而且為了避免高層幹部遭到舉發，還把組織各階層全都劃清界線，整個轉變可說是「進化版」。初期詐欺機仔手也包括負債累累的人，背後原因是他們被強迫幫地下錢莊工作來抵債，還有最末端被用來當「棄子」的收款員（**當時是漏珠仔**），大多數也都是命令背負多重債務的人去做。

但是機仔手的屬性，隨著時代改變，也起了急速的變化。

首先，為了更有效率地提高詐欺成功率，九〇年代到二十一世紀這段期間，曾在八大行業從事電訪員工作的人們，便成為地下錢莊招募的目標，也算得上是某種形式的支援。他們大多來自惡質拜訪銷售、上鉤調包、粉紅詐欺（**與感情、婚姻有關的詐欺**）、證照詐騙乃至多層次傳銷等業界，也就是所謂「奸商業務員」當中的佼佼者。他們除了親自下海擔任機仔手，還負責機仔手研修講師、製作腳本、開拓名冊業者人脈等軟體面工作，因而成為撐起整個詐欺業界的重要人力資源。

接著加入詐欺業界的人，大都是東京與其近郊附近的不良少年。他們十幾歲時就當起了機仔手，大概二十歲就可以升上詐欺店舖的桶仔主，業界將這一代歸類為「靠關係入行」。當時採訪機仔手時，很多人的經驗都是如下所述：本來同鄉有個前輩在道上混，後來轉職去做詐欺，因為這條人脈被挖角，接受培訓後就入行了。

以這些本來在八大行業或混黑幫的人脈為中心，一直到構築出第一、二章所提及、徹底合理化的組織，應該是在二〇〇五年末左右。

從這個時期以來，人材的屬性就沒有太大變化，但到了二〇〇八年前後，又開始有新人加入這一行：大都是在一般企業有工作經驗的人，或是大學應屆畢業生，在業內分類為一般召募。

這一波召募新人的原因約可從兩點來看。第一，由於雷曼兄弟控股公司（Lehman Brothers Holdings Inc.）宣布破產，隨之造成壓倒性的不景氣。此時詐騙集團積極吸收未續約的派遣人材、中年失業者和網咖難民，作為收款團隊成員。採訪對象中有極其少數的例子，是從收款員轉職為機仔手的。

第二，過去轉帳詐欺的典型腳本，都是偽裝成親戚（**冒名**），加上假帳單詐騙、融資保證金詐欺等，還有未上市股票詐欺、公司債詐欺等；以理財為名目的轉帳詐欺也是常用手法。在詐欺工作現場，冒名詐欺在這一行歸類為「一招斃命型」，也就是撥打電話扮演熟人、一次收取被害人當天能夠籌措到的金額。相對的，理財類轉帳詐欺則是實際寄送偽造的投資相關印刷物，或者設置一個網頁，有時甚至還會登記一家法人（**當然是空頭公司**）並且開設帳戶，愈是長期營運的店舖，就愈是需要針對機仔手施以嚴謹的訓練。

有工作經驗的人和大學畢業生，都已經具備上述詐欺腳本必要的背景知識，其中甚至有人實際在證券交易商上班，後來離職投入這一行，或者是被人設局、遭遇仙人跳，只能半被迫地加入詐騙集團成為機仔手，這樣的例子也時有所聞。

以上就是詐騙集團人力組成狀況的基本轉變。然而，有一點特別值得注意，就是上述所有人員，幾乎都接受過上一章提及的「大義凜然」洗腦，並且對其深信不疑。透過以下幾個採訪案例，我似乎能夠理解，他們對詐欺這項工作如此傾慕的心情。

案例1 前地下錢莊融資保證金詐騙電訪員

神部逸 一九八〇年出生於東京都。幼年時期住在市區內某社區，家庭成員有擔任護理師的母親和弟弟，三人相依為命。母親的兄弟和祖父都好賭成性，同時深受酒精中毒之苦，他們數次冒用母親的名義去借錢，孩提時代家裡就經常有債主上門討債，甚至曾經有人把貓的頭割下來丟進放在玄關的洗衣機裡，成長環境可謂十分惡劣。神部從小學時代開始就犯下竊盜及恐嚇等罪行，後來因強盜傷害進了少年感化院，出院後夥同感化院中結識的兩名友人，以強盜為業，而且手段更加粗暴。

然而，在某次搶劫外送情色交易店鋪的貨款時，反遭對方制伏並強押到事務所，在那裡受到嚴厲制裁，幾乎被打到半死不活。

當時同夥找來黑道幹部的叔父出面調解，透過這條人脈介紹，神部進入地下錢莊工作；之後，日本邁入景氣寒冬時代，並維持了好一陣子。神部從最基層的催收專員開始做起，但是因為同情債務人導致績效一直不佳，結果被貶到融資保證金詐欺（假借融資名義，要求被害人在簽約前必須支付保證金的詐欺手法）的店鋪。雖然在詐欺業務中，神部做到了某種程度的成績，但他仍舊難以適應地下經濟的工作，一直過得鬱鬱寡歡。之後，他和感化院時代的友人（一個人是地下錢莊店長，另一個人加入黑幫，從基層做起），在因緣際會下加入冒名詐欺店鋪，成為機仔手。在這裡他成為四根手指的機仔手（年收達四千萬日圓），三年左右就升為掌櫃，最後更當上金主。

關於神部君的生平，以及他是如何當上詐欺掌櫃，最後爬到金主的位置，在拙作《轉帳犯罪結社》（寶島社）一書中，描寫了他與友人年輕時的種種作為，在典型由地下錢莊轉職為詐欺機仔手的人當中，他也算是少數案例。

「從高利貸轉職到詐欺這行的人，大多分為兩種類型，一種是運用高利貸賺到的錢爬到上層，另一種是在高利貸賺不了錢，後來轉職去做詐欺。不管使用什麼手段，大多數人都認為『賺得到錢就代表正義』，這類型的人幾乎都是出生在貧困的家庭。有的人是為了想讓從小欺負自己的人刮目相看，有些人看到平常人可以去唸高中大學，就覺得『即使年齡相仿，我也要比你們多賺十倍』，對他們而言，加入地下金融行業，算是對社會的一種報復。酒店少爺的情況也差不多，很多人也是這樣的想法。」

「關於剛才說的這點，我自己的情況總之就是個性跟放高利貸的生意非常不合。我在放高利貸的那段期間，真的是完全無法認真投入，只會一直叫對方還錢，可是對方一哭起來我就無法再強迫他們。從小我就看著母親哭著向小型放款公司的人下跪道歉，這段記憶我一直無法忘懷。我覺得高利貸就像是即使殺人誅心也要弄到錢，根本就是垃圾，後來被派去做融資保證金詐欺，那時候雖然賺得到錢，但是我心裡更加鬱悶。結果還是從沒錢的人身上騙錢，這樣的生意簡直是喪盡天良。所以我最後選擇去做一次性服務（冒名詐欺），沒想到心情竟然輕鬆許多。感覺上，自己終於脫離欺負弱者的環境，並且找到一份正經的工作。」

剛才提到，一開始找他去做轉帳詐欺的人，是地下錢莊的前輩，當時地下金融產業的從業人員屬性，以「不良少年改行」占壓倒性多數。有些人是出生在貧困家庭，或因家暴而身心飽受虐待、雙親未盡扶養義務、濫用藥物，也有人是父母本身就在混幫派，雙雙入獄後，自小在育幼院長大……

家庭環境惡劣的少年們加入幫派，和抱持著相同痛苦的同伴成群結黨，或被地方上的飛車黨吸收，之後加入地方黑道勢力，或從事建築土木相關現場工作、性產業等都市型態的現場職務。這種典型的「昭和黑幫形象」，一直到九〇年代，依舊存在於日本各地。而其中一個不良少年的「收容處」，就是九〇年代末發跡的地下錢莊。

當時在地下錢莊工作的人，心理狀態又是如何呢？九〇年代末期到二〇〇三年，是詐欺產業萌芽的時代，當時在地下錢莊擔任現場電訪員的人們，腦海中都保留著「泡沫經濟時代的記憶」。這些人看到「同齡層」當中，有些人較為經濟闊綽，很自然地心裡便產生無名的怨憤。

「其實我心裡一直有股自卑感。我們這種人，從小就在貧窮破爛的社區長大；不過我們這個世代的人，有不少都是『混道上的有錢人』。或許僅限於東京地區也不一定，聚集在澀谷的團員[3]（Teamer），其中不少人是明星高中的學生。從我們這群人的角度來看，他們根本不屬於這個世界，家裡花大錢讓他們去唸高中，搞不懂他們幹麼還來幹恐嚇取財這種勾當。既然每個月都有零用錢，就乖乖待在家裡用大電視打電動不就好了——當時我們只能辛辛苦苦靠搶劫維生，心裡才會這麼想。每次對付『關東聯合』的成員，或是在澀谷驅逐團員的時候，我們都會特別興奮，心裡總是想著，別把我們混為一談！雖然說，這可能是貧窮人的扭曲個性，我們這年紀做地下錢莊的，很多人確實是因為剛提到的自卑感作祟，總是想著：『絕對要在二十五歲住進超高層塔式大樓（Tower mansion）上層三分之一！』他們的心情引起我的共鳴。過去在放高利貸的時候，總讓我覺得難以釋懷，直到開始做詐欺之後，總算覺得好像『找到真正的敵人』。」

正是像神部君這樣的人，轉職為詐欺機仔手之後，業績才會突飛猛進地成長。升上

3　在Team後面加上-er創造出來的字。一開始是指群聚於澀谷的集團，後來其他的集團也開始使用這個稱呼。不同於一般不良少年，這群人外表通常較為帥氣、有型，也不乏出生於富裕家庭的年輕人。

掌櫃後，本來在業界嚴格禁止「掌櫃主持機仔手研修」（因為有些人可能隨時會離開，因此，**讓掌櫃與機仔手候補接觸勢必有風險，是業界的共識**），然而神部君卻頻繁露面，對機仔手灌輸「高齡者死命抱著存款，從他們身上奪取一些小錢，並不是最惡劣的犯罪」這個大義凜然的觀念，這種做法的罪魁禍首就是他。

從轉帳詐欺盛行時期開始，神部君累積了許多經驗。透過訪談可以察覺他的意圖，就是把轉帳詐欺的形式鎖定為「專騙老人」，因為他知道不管哪個時代，貧困的年輕人總是「對於經濟條件優渥的同齡層，抱持著經濟面的無名怨憤」，因此，神部君吸收這些年輕人，並且把他們的觀念置換為「對於上流社會坐擁大筆金錢的高齡者，抱持著經濟面的無名怨憤」。

✚ 案例2 哪家公司的業務員不黑心？

山野良　一九九〇年出生於靜岡縣，是家裡的獨生子。小學時代本來是當地少年足球隊的王牌射手，但是中學時因為雙親離婚，家庭經濟狀況惡化。離婚的原因是母親對父親施以精神上的家暴，自從父親失業在家，也不去找工作，就待在家裡讓母親養。母親去申請放棄親權後，他就開始和父親兩人相依為命，父親也開始出去送報紙，但是經濟狀況依舊沒有改善，中學一年級第三個學期開始，他就一直待在球隊裡，隨後也就徹底對足球死心。

之後他也是照計畫進了當地農閒時期的學校就讀，父親的工作也是有一天沒一天，後來只好輟學，在當地前輩的介紹下，待了拆房公司三年。後來又進入代銷體系的公司當業務員。

在這家公司上班時，每天早上都必須深蹲一定次數。因為這家黑心企業，客群鎖定熱愛運動的人，商品主要是健康食品和美容用品，行騙手法和典型不肖電話行銷業者相同。山野君本來就是運動好手，所以在這家公司適應得不錯，後來他透過該公司經營者介紹，進入一家投資詐騙系列的店鋪，成為機仔手並正式踏入詐欺業，並且在第一個月就創下詐騙兩千萬日圓的紀錄。

山野君外表看起本來就有運動家的氣勢，同時也確實是團體競技的成員之一，這種人可以說根本就是天生當詐欺機仔手的料，他也曾自豪地說，自己在詐欺店鋪的研修時，

「輕輕鬆鬆就過關了」。實際上，加入詐欺店鋪的成員，不少人少年時期都曾在運動方面擁有傑出表現。因為原本熱愛體育競技的人就很適合這一行，再加上讓孩子從小持續鍛練一項運動，對雙親而言是將造成巨大的經濟負擔，低所得家庭最終不得不放棄夢想，這是許多人的共同經驗。再者，投注青春在運動賽事之中，但若不是主流競技的話，即使成為職業選手，生活仍舊十分困頓，特別是退休後的人生，和選手時期受到的讚揚可說是天差地別，這或許也是運動選手適合這行的原因也不一定（舉例來說，二〇一四年，一名二十五歲的前運動員遭到逮捕，就是曾經參加全日本高等中學綜合體育大賽的選手）。

具有運動背景的山野君，對於將他轉介到詐欺業界的代銷公司經營者，表達如下的感謝之意：

「那個前輩雖然說是公司的經營者，其實也算是半個在道上混的人。雖然我是高中輟學後，直接進入代銷公司磨練，不過我高中時期的同學和朋友，很多人都加入幫派或是遊走在法律邊緣，在各領域闖出一片天。代銷公司儘管經常被當作黑心企業，不過這個世間本來就沒那麼好混，在四面楚歌的戰場上，最後存活下來的人才配稱得上是業務員。很多人的想法都太天真了，業務員本來就是靠黑心來賺錢的職業。一般企業的業務部門如果這樣搞的話，一定會引起軒然大波，所以他們才會把本質就是黑心的業務部門，外包給代銷公司去做，我這麼說沒錯吧？所以啊，代銷公司是黑心企業這種說法，本來就是天經地義，我已經懶得再解釋了。」

「看到有些人在公司待不下去，離職以後還裝出一副被害人的模樣，一天到晚在網路上發文抱怨說：『上一個公司實在太黑心，講出來給大家笑一笑』，這種廢物真的很惹人厭。我是這樣覺得啦，同一輩的年輕人都太沒用了，整天只知道抱怨。比較起來，下班後一邊喝酒一邊抱怨：『在我那個時代哦，工作本來就是這樣的啊』的業務員大叔，至少還贏過現在的年輕人，不是嗎？不過，在詐欺桶仔工作，誰要敢抱怨一句，絕對會被打成豬頭。這樣的環境反而目標明確，你不覺得嗎？」

山野君如此推崇詐欺機仔手這個工作，原因如上所述，那是一個徹底實踐「業績掛帥理論」的世界，完全聽不到任何反對意見。因此一家詐欺店舖裡，本來就不會存在沒幹勁或是不適合該業界的人，這也是提高士氣的一種作法。

「利用銷售來詐欺的業務員，只能一直讓自己保持熱情。除了熟練各種銷售技巧外，商品的魅力也是重要條件。一個專業的業務，自然會想去銷售有魅力的商品，因為這麼做可以提高自己的工作能力。而詐騙集團鎖定高齡者的原因，就行銷學的角度來看，其實是必然的結果，詐欺的商品要多有魅力都行，反是都是捏造出來的東西。就算不是詐欺啦，現在世間上幾乎所有企業，目標都是想方設法把高齡者身上的錢搾乾，從第一線業務員的角度來看，商品是實際存在或捏造架空，根本就不是重點。這個道理非常淺顯易懂，完全沒有疑問。」

從山野君口中聽到一件事，讓我十分驚訝：他之前工作的代銷公司，除了「販賣實際商品」這一點，與詐欺店鋪的共通之處多到不勝枚舉。也就是說，詐欺店鋪是一個「唯有勝利者才能生存的黑心代銷公司」。不對，或許應該說，黑心企業加上「正當的報酬」，就是詐欺店鋪的最佳寫照。

對山野君而言，詐欺店鋪機仔手簡直是自己的天職。

「當然，做這行勢必得考慮被逮捕的風險，哪天真的進去的話，沒蹲個五年、八年是出不來的。我們店裡掌櫃說過的話，我就現學現賣拿來講，萬一真的被判八年，只要趁機留下一筆錢，到時出獄的存款絕對遠高於在外面工作的一般人，我們都是這樣想的。之前在代銷公司上班，我也算滿會賺，不過賺愈多就花愈多，住豪宅或出去玩也花得差不多，每年大概只能存五十萬日圓而已。如果一直做下去，就算公司可以撐到八年不倒——照理說不太可能——計算下來，覺得自己好像白痴。在代銷公司幹得要死要活，而且我有自信比其他人賺得多，八年下來頂多存個四百萬日圓。」

「在桶仔裡窩上八年，雖然失去的時間也是有價值的成本，但至少能夠存到剛才說的十倍，留下四根手指（意指四千萬日圓）也沒問題，我自己是覺得很划算。雖然說詐欺店鋪的人絕對不會被抓到，但是對於日後的生活還是會感到憂心。所以我決定存到四根手指，藏在一個即使自己被捕也不會被發現的地方，之後就算坐牢也無所謂。反過來說，存到四根手指，就是我退休的時候。」

在詐欺產業存到四千萬日圓後，山野君說：「我應該會經營一家黑心代銷公司，或者成為教練吧。」

案例3 大學不也是詐騙集團嗎？

杜洋介 一九九一年出生，幼年時期與母親和兩個姊姊，四人住在南關東某縣。據他本人表示，從小他就不是特別出色，而且他本身也討厭引人注意。大姊成為護理師之後結婚，二姊大學中輟，成為看護。家裡的小孩只有杜君比較喜歡讀書，因此他在中學時期便考進一家中高一貫校就讀，但該校偏差值並不算高。幼年時期因母親離婚，便一直在單親家庭中成長，母親的工作是醫院裡的藥劑師，在杜君高中三年級時，因一場大病住院兩個月。其後，杜君考上外縣市的理科大學（通訊學部），開始一個人租屋生活，當時他的第一志願是藥學部，由於無法如願而沮喪了好一陣子。

就學中，某次回到母親居住的老家公寓時，看到信箱裡的郵件，才知道母親已經很長一段時間未繳納公寓房租、管理費和工會會費等。此時他與母親談話，才得知母親背了高額貸款，生病後轉職到處方藥房，收入幾乎減少一半，目前正在尋找其他工作機會。兩個姊姊跟母親因為個性不合，幾乎處於斷絕聯絡的狀態。由於祖父母很早就辭世，杜君表示自己想退學去工作，但母親仍堅決希望他能努力唸到畢業。

然而，畢業前的企業聯合召聘會，他選擇了理科學部相關的工作，但是在網路審核的階段，就收到數十家公司的「祝福郵件」（未錄取）。後來他透過大學四年間、在交友網站打工做系統管理的人脈，一畢業就成為假帳單詐騙的成員，目前是冒名詐欺店鋪的代打機仔手（時間能配合才上場的機仔手）。

誠如上一章所言，杜君屬於「初學者等級」的選手，經過研修才得以進入詐欺工作現場，一開始他對界的印象是「黑心」。

「在詐欺的桶仔裡，我顯得特別格格不入。感覺自己好像是異類分子，不適合那種環境，雖然每個人進入桶仔的原委都不盡相同，但詐欺終究是見不得光（違法）的工作。雖然聽說詐欺桶仔裡，也有不少大學畢業生，但一般來說只有固定幾家店鋪專收大學畢業生，像我這種大學畢業就馬上加入是我（冒名詐欺）店鋪，算是相當罕見的例子。」

「要說我和其他人有什麼不同，首先眼神就不一樣，再來就是工作上受到暴力相向，也不是一般人會遇到的經驗。特別是從假帳單詐欺轉到冒名詐欺時，最特別的感受就是，每個人雙眼散發出來的光芒簡直非同小可。一開始，我也有點搞錯，以為只有沒腦子的混混才會做這行。而實際上，裡面有些傢伙確實叫人難以置信，舉例來說，曾經有人問我『什麼是Windows？』你能想像這傢伙跟我同年紀嗎？一般聽到這個問題，一定會想，這個人真的生活在日本嗎？」

不過杜君也和其他人一樣，猶如服下劇毒一般，深受詐欺機仔手那股非比尋常的積極態度影響。在詐欺店鋪工作數週後，他便開始對其他機仔手投以尊敬的目光。

「首先，我總算了解他們告訴我『冒名詐欺才是主流』的意義。當然業績（收益）金額不一樣，還有喂喂（打電話）的集中力也不同。每個人都超級努力，基本上不會無故曠職。還有，我們店鋪的事務所，每兩週會搬遷一次。這個時候，就會舉辦一場小型的研修或討論會，讓每個人發表在這裡賺到的錢打算怎麼花，還有五年後、十年後想做什麼。事實上，在這裡工作的人，全都有具體的目標。非常具體，而且有些人真的朝目標在準備。至少我在中學、高中和大學時期，還沒看過有人意志這麼堅定。以前那些同學，大都只會說以後想做什麼工作，想賺多少錢，一般大概就這樣。我自己也是，只想幫母親還錢，沒特別想什麼，以後退出這行，可能覺得就去找個工作這樣。從這一點來看，就覺得他們真是比我厲害太多了。」

杜君工作的冒名詐欺店舖，是在店舖搬遷期間，提出上一章假研修的提問：「詐欺是最惡劣的犯罪嗎？難道沒有比詐欺還惡劣的犯罪嗎？」而當時杜君的想法，已然成為他現在的精神支柱。

「我仔細想過，大學還有高中這些學校，應該是日本最惡劣的詐欺。當然，我知道因為有大學，才能讓人接受教育，進而支撐起整個日本。但是，像我本來想去唸藥學部，一般就是唸六年，加上生活費，家裡大概要出兩千萬日圓。當然就業以後收入還不錯，但是到底要花幾年才會回本？」

「藥學還算好的，文科學部或學店（排名較低的F等大學）之類，根本就是毫無極限的詐欺。收超貴的學費，賣一個『好像是大學生活』的夢想，從來不提畢業以後找不到可以賺回本錢的工作。有些人還說『大學畢業的人可以選擇工作』，但我覺得這簡直就是廢話。有錢有時間去上大學的人，當然可以不去選擇不划算的工作。」

「我到知道母親有負債之前，一次都沒想過家裡竟然那麼窮，每天渾渾噩噩過日子，不過我在想，全日本有能力供小孩上大學、唸到畢業的家庭，大概占全體多少比例？大學學費必須由家裡全額負擔的國家，在已開發國家中就只有日本，不過就算政府補助全額學費，我還是覺得大學跟詐欺很像。文科畢業去跑業務，這也能算是良好的就業率嗎？如果是這樣的話，那溝通能力不就比學歷還重要，只要有高中或技術性的專科（高等專門學校），還有溝通能力培育學校，日本一大半的產業就能正常運作。我真的選錯了，所以現在想靠這個工作盡量挽回。」

雖然這樣的說法非常極端，但杜君所說的每句話，都具有強大的說服力，乍聽之下也沒有不正確的地方。而且，透過採訪他，我又想起數年前曾做過的一次採訪。實際情況是某次採訪活動中，遇到「大學畢業混八大」的採訪主題，差不多是雷曼風暴前後的事。那一次，我採訪到某個「大學畢業到錢莊工作」的青年，被他說教了一番。記得那時他是這麼說的：

「鈴木先生，你會不會覺得，上大學的人，每個人家裡都很富裕？我上的大學雖然都是些頭腦不好的人，但不少家庭都是去借錢供孩子上大學的。然後，大家畢業以後，都會把錢還給父母。不只是學費，就連過去的生活費也會償還。不是每個人都是畢業等於失業，也不是每個人都會窩在家裡耍廢。」

他會這麼說，是因為我當時執筆的一部書籍，書中提到在極度貧困的家庭裡成長的不良少年這麼說：「上高中當不良少年的意義何在」，他深受這句話影響（**他那時是我的讀者**）。學生時代，他向「學生金融」借錢當生活費，因此被債務搞得焦頭爛額，最後只好進入一家小規模消費金融業者的「地下部門」，也就是經過錢莊挖角，讓他在裡面工作還債。

杜君加入冒名詐欺店鋪數個月，就把母親欠下的債務還清，之後便當起代打機仔手（**有需要時才找他加入**），並未和店鋪裡的人完全斷絕關係。

「雖然我只是個三流的機仔手，和其他人比起來也沒賺多少錢，不過我從詐欺的世界學到一件事，就是『金錢至上』的道理。沒有錢的傢伙，要不就是因為沒錢而放棄自己的未來，不然就是完全沒去想未來，只是一味滿足於身邊的小確幸。因為我生性膽小，所以應該很早就會收山，不過我還是會衡量恐懼與對未來的憧憬，在最佳的時機退場。我相信自己一定不會被逮捕，要是真的被逮到，母親一定會哭泣。」

案例4 出生於超貧困地區

筑紫大駕 一九九二年出生，籍貫是南日本某縣山區。一開始出生於近畿某縣大都市，父親是駐日美軍士兵，母親是日本人，家裡只有他一個孩子，小學時期雙親離婚後，他便和母親一同搬回老家某縣山區。當時他們住在外婆擁有的土地上，一間破爛的小屋；每次外面下大雨，「家裡就下小雨」（因為牆上有一個大洞），真的是一間老舊的房子。

當地的「不良文化」十分興盛，小學時期他會去家裡種菸草的同學家，偷拿人家的商品來抽，或者在路上偷騎別人的機車到處閒晃，因為那裡本來就是個人口稀少的山村，一般機車都沒在上鎖，偷騎之後只要停回附近，居民大都習以為常，算是一個親切的地區。但是當地混道上的上下關係非常嚴格，中學時期如果沒有地方上的前輩允許，不能騎著改裝的機車上路。

中學畢業後，覺得在當地繼續混下去也沒什麼出息，就帶著現金十萬日圓，搬到附近的中型核心都市去住。一開始他和在那裡認識的同齡不良少年結夥，去幫酒店找坐檯小姐抽頭，並且叫上老家山村裡最有幹勁的同伴。隨後透過一直照顧他們的黑道仲介，加入剛起步的未上市股票詐騙集團，擔任收款團隊的漏珠仔。經歷逮捕、不起訴處分後，來到東京加入冒名詐欺類型的詐騙集團，正式成為一名機仔手。

二〇一三年左右，我初次聽說詐欺現場雇用的機仔手和相關工作人員，愈來愈多是「鄉下地方出身的集團」。其後偶爾會聽到業界的人們提起，收款團隊和店舖機仔手分成F集團（東京近郊）、A某團（神奈川郊外）、K集團（日本南方）、I集團（離島地區）等暗示地名的集團。

從過去的印象來看，擔任店舖核心成員的機仔手，大多來自東京都內或近郊，就算有鄉下地方出身的人，大抵也只是收款團隊的成員。擁有地下錢莊工作經驗、輾轉來到都會圈，有些黑道背景的後輩、曾在一般企業工作的人或大學應屆畢業生，這些鄉下地方出身的勢力，在轉帳詐欺發跡後第十年紛紛加入該業界。

筑紫君就是上述提及類型之一，隸屬於K集團的一員。而更叫我驚訝的是他對「老家」的描述：

「住在那裡的人全都是窮鬼，而且真的只是一個超小的鄉下地方。從小到大，幾乎沒看過有錢人，說得上有錢的人，也是好幾代之前就在當地做生意的店家。當一個地方人口稀少而且全都窮得過頭，你知道會發生什麼事嗎？每次只要颱風過境，或是暴風雨稍微大一點，百分之百一定會停電，而且過好幾個小時電力都不會恢復，最誇張的情況是整個大半天都在停電。因為大家都知道這情況，所以當地唯一一家便利商店，每到颱風前就會被當地人一掃而空，貨架上完全找不到食物，整家店幾乎空無一物。然後，停電就代表警報器和監視攝影機不會動，所以有好幾次颱風來的時候，我都跑去便利商店偷錢。因為錢就放在櫃檯裡，不過，拿幾次以後他們就把錢移到金庫去了。」

我實在很難想像，筑紫君成長的H町，竟然是一個這麼落後的地方。不是因為地方產業衰退，而是本來就不曾繁榮過。雖然農業和畜牧業算得上是主要產業，但也不足以稱為地方特產。當然，人口外移與高齡化帶來的結果，自然使得該地愈來愈沒落。但當地有國道連接附近的中型核心都市，交通還算便利（**話雖如此，其實距離中型核心都市十分遙遠**），留在當地養育兒女的家庭也不少。由於該地區坐落於非常陡峭的山坡地，住宅開發等建設都只能侷限在小規模發展，另一方面，不知為何町內竟然有一處公營住宅。經過調查，我發現那片住宅區建設於昭和中期，當初的興建目的似乎是為了讓從事林業和小規模水力發電廠工作的人們居住。

一直到最近，日本鄉下地區的景象，各地都差不多，但H町沒有足夠寬闊的土地，可以讓大型超市或舊書店、回收賣場群聚，形成一個幹道沿線的商業區，也沒有永旺（AEON）賣場，甚至連柏青哥店都沒有，說來的確讓人難以置信。

「但是老人們還是很厲害，我是說老家那裡。雖然政府制訂生活保護制度來保障老人，但那是要排隊的。H町很貧窮，很多人申請生活保護，可是政府沒那麼多錢來照顧他們，所以要排隊。一個接受生活保護的老人死掉，才會輪到下一個老人。」

「但我說厲害的並不是指這些老人，而是即使沒工作也能活下來的老人。說得明白一點，就是老人他們可以在家裡的後院、山裡或別人的土地上耕作，所有吃的東西幾乎都是自己親手下去種的。所以我們那裡的老爺爺和老奶奶，手臂肌肉都很粗壯，很可怕，特別是我奶奶，最可怕。」

「我們小時候，夏天都會去別人的田裡偷拔作物，然後跑到山上去生火煮來吃。這時候，奶奶就會拿著鎌刀來找我們，把每個人都抓起來過肩摔。因為地面很硬，摔到上面幾乎無法呼吸。然後，奶奶就說：『你們這群小鬼，肚子餓就老實嘛！』講完就看她一派輕鬆走進山裡，你猜她要做什麼？她跑去抓兔子或『野獸』回來，我們一群人就直接在山裡把動物解體，然後烤來吃。」

上面的敍述並不是誤植文章，他確實是出生於一九九二年的日本人。對於現代日本竟然還存在這樣的地區，或許各位會感到驚訝，但更叫人驚訝的是，上述內容正是目前從事詐欺相關工作的筑紫君，以及他朋友對祖父母的描述。這個把孫子抓起來過肩摔，而且還去捕捉野獸的祖母，據說是第二次世界大戰時的「戰爭孤兒」。不知道她是怎麼輾轉來到H町的，但從筑紫君的談話中可以察覺，過程應該十分辛苦而且曲折離奇。

另外，筑紫君的好友、現在也在同一家詐欺店鋪工作的K君，他的祖父是「山賊」。聽說他會打劫附近街道上的行人，以此維生。那裡簡直是一個亂七八糟的地方。

「孩提時代雖然沒有錢，但過得還算快樂。一進入中學就馬上跑到隔壁鎮上的中學，到處找人教訓、放話『要和最強的傢伙打一架』。不知為何，我們那裡從小就重視武術教育，所以我對打架很有自信。後來我們就跑去各處的中學，用同樣的手法搗亂，這麼一來就會引出不良少年上面的前輩。從那裡就能建立人脈，鄉下地方從以前開始就是這樣，歷代當中最久遠的前輩也是一樣，到處都有胡搞瞎搞的人。」

先前提過，有些地方騎機車還要前輩的許可，而筑紫君的老家則是代代相傳，「前輩說的話是天聲」，因此一天到晚都有人耳提面命，叫他們絕對服從。在這樣的地方長大的筑紫君，中學畢業時做了一個重大的決定。

「我和朋友談過，問他們畢業以後要幹麼？家裡有錢的人可以上高中，但是我們這群人沒得選擇，所以有個同樣是H町出身的朋友說：『我們出生在那樣的家庭、在H町長大，如果想趁勢大幹一票的話，除了黑社會以外，還能上哪去？』不然就是留在當地工作，結果只能過著貧窮的日子。不過就算貧窮，也有老家的朋友在，大家湊在一起說什麼，去鎮上（中型核心都市）工作根本沒什麼好處嘛。大概就是這些話題，就是最近說的那個什麼，『清新小混混』啦。我不喜歡那樣的生活，就帶著在加油站搶來的十萬圓，跑到縣裡最大的F市。」

筑紫君在那裡找到新的道上人脈，接著也找到工作（幫酒店找小姐），就叫了幾個老家的同伴過來，介紹工作給他們。後來賺得太過火，F市當地的黑社會跑來施壓：「給我加入幫派。」但筑紫君不喜歡聽命行事，後來找了另一個黑社會幫忙，介紹他們到一家未上市股票詐欺的公司當漏珠仔，於是一行人來到關東地方。到了關東，H町出身的一群人受到相當程度的衝擊。

「最叫我們驚訝的事情，是東京的道上兄弟都太溫和了。我們這些當漏珠仔的，說穿了就是準備被逮捕的人。做久了當然也連續被逮過幾次，最後法院判決不起訴，之後我們就馬上跑去見上面的人，要求他們『再給我們下一個工作』。結果他們竟然嚇到說：『你們去漏珠一次就被抓了，還想再做嗎？一般人是一次就閃人了耶。』搞不懂他們的反應，不過東京人好像都是這樣。我們也不想被人用完就丟，要求去做更高層的工作，後來就出道成為機仔手。一開始也沒有研修，直接就叫我們去正在營運的店舖，把裡面所有工作流程都背下來。」

可能是最初心裡抱持的覺悟就和東京人不一樣，詐欺店鋪規定必須「絕對服從上層」，對於從小被教導「前輩說的話是天聲」的筑紫君一行人而言，在那裡的感覺是「跟過去的服從差了十萬八千里，待得很習慣」。當上機仔手不久，他們很快就交出優秀的成績。

賺到錢之後，他們也沒忘記回饋老家H町。不管是同齡層或後輩，只要是有幹勁的人，他們就會提供交通費讓這些人來東京，而且還會幫忙租房子給他們住，對這行有熱情的人，就讓他們接受成為詐欺機仔手的教育，若是只想賺一筆錢就回老家的人，就讓他們去做收款的工作，然後筑紫君他們就會把賺到的錢，依比例分發給想回去的人。如此一來K集團就此形成，說起來他們就像是開了一家派遣公司。

「我們也會和其他地區出身的一些團體交流，我們大家的成長過程幾乎都一樣，最好笑的是，其他人在老家好像也被教導『前輩說的話是天聲』。當我們開始叫老家有幹勁的人過來時，上層的幹部可能也發現我們的利用價值，也就是不管他們從誰身上騙錢，都和我們沒有關係，因為他們只騙有錢人。住在東京的不良少年經常說：『除了殺人以外，什麼都敢做。』我們聽起來就好像笑話，因為如果是為了錢，要我們去殺人也無妨。如果只是窩在老家，或者出來一趟又躲回去，那這輩子肯定只能貧窮過日子，或當個吃不飽的小混混。不管再怎麼努力，待在老家只能做些粗重的勞力工作，生活也是勉勉強強過得去而已。話又說回來，離開老家如果還做粗工，那就更加吃不飽了，而且住外面還要付房租。最後還是只能轉入地下，就算只是遊走在法律邊緣，也是跟加入黑幫沒什麼差別。所以我決定要做就直接做黑的，原因就是這麼簡單。」

筑紫君成長的地區，跟日本的日常景象相去甚遠，而且從他們對工作的熱情來看，與其說是混黑社會的，不如說是「外國黑道」還比較貼切。

這裡希望大家一起想想，筑紫君一行人，和他們現在奪取金錢的目標，亦即擁有大筆資產的高齡者之間，存在著一道鴻溝。筑紫君他們心裡抱持的情感，就好像近代歐洲公民革命中，農民、都市平民與住在城堡裡的貴族之間的距離。對於筑紫君來說，擁有大筆資產的高齡者，因為生活環境相距太大，因此他們根本無法想像。筑紫君說：「如果我知道哪個老人在家裡藏著幾億圓的話，我一定會把他殺掉、房子燒了，再把錢都拿走。」這段話非常可怕，但另一方面他們對老家同伴的照顧，以及對後輩的關心，可說是到無微不至的地步，深厚的感情讓其他人絕對不會背叛。對他們而言，懷抱著大筆金錢的高齡者，簡直是遠在天邊，甚至「沒有同為人類的感覺」。

日本不僅是個貧富差距甚鉅的社會，甚至可以說是「階級複製現象嚴重的社會」，而他們就是生活在其中的產物。

✚ 上述四個案例帶來的啟發

各位覺得如何？上述人物就是在詐欺現場討生活的年輕人屬性。

全體機仔手的構成型態，大多都是像神部君和筑紫君的類型，另外兩個例子是為了說明詐欺業界的成員，對工作抱持異樣的熱情，因此才收錄在案例中。從案例可以得知，這些成員都不是出身好人家的孩子，但他們也不是單純因為守法意識低落，抱著好玩的心態才加入詐欺業界，更不是窮兇惡極的非法份子。

直接與他們接觸，透過採訪能夠感受到這些人的共通點，就是他們都抱持著經濟層面的無名怨憤。然而，這一點幾乎是所有犯罪者的共通點。另一點讓我感受更深刻的是：和同齡層的一般人比較起來，他們表現得十分成熟，儼然就是個成年人。即使他們再怎麼接受詐欺現場的教育，其對工作抱持的熱情，還是會讓人覺得「理想太崇高、投入太熱中」。

關於上述提及的精神年齡，在【案例1】的神部君和【案例4】的筑紫君兩人身上，特別能夠察覺到由道地的不良少年轉職成機仔手，當事人的超齡特質。和同齡層的人們或是在詐欺業界以外討生活的黑社會比較起來，他們明顯冷靜許多，知道要經常動腦思考，而且習慣在採取行動前深思熟慮，很少因為年輕氣盛而做出衝動的決定。一般人認為詐欺是一種非人道的重大犯罪，他們雖然以此維生，卻非常為同伴著想，經常在利益當前時還是會選擇符合人情世故的做法。

特別是筑紫君，他不僅把提攜後輩當成一種興趣，在當機仔手最好賺的時期，每個月都會寄一百二十萬日圓給老家的母親，還招待「獵捕野獸」的祖母到東京，帶著她四處觀光。

說起詐欺店舖，真的能把一個人訓練得這麼成熟嗎？我想是因為他們經常處於高度緊張的環境，潛移默化當中，自然就養成那樣的個性。雖然他們講話不太正經，表情也是一副吊兒郎當，但內心人格特質卻一反外貌，甚至可以用老成來形容。

另一方面，關於剛才提到理想太崇高的工作熱情，我從他們身上感受到「同齡層當中的異類」。前陣子出現的清新小混混，並不只是偏鄉地區才會養成的人格特質，就連都會地區的大學生也一樣，總之從這些人身上，可以看出他們沒有出人頭地的志向，對未來也沒有任何展望，只希望維持現狀、滿足於和朋友鬼混的生活，這樣的傾向十分強烈，也就是所謂的「佛性世代」。然而，在同齡層當中，那些選擇進入詐欺業界的人，他們在進入詐欺店鋪之前的階段，就已經展現出可以用異類來形容的高度熱情。

這些人在這種溫吞的環境束縛中，就連集體行動也辦不到。在每個人只想維持現狀的群體裡，神部君他們的人格特質，很容易讓人覺得是「充滿野心的一群人」或「傷腦筋的傢伙」。看來神部君這類型的人們，唯有在詐欺店鋪這種高壓管理和渴望出人頭地的集團中，才能找到強烈的「歸屬感」。

事實上，這些人真的太可惜。

這句話是毫無掩飾的感想。他們如果是在戰後日本高度發展的時期出社會、進入一般企業成為「拚命三郎型的上班族」，我想應該都是業績斐然的人才。因為他們真的都是很優秀，而且擁有堅定信念和行動力，完全像是經過千錘百鍊，如寶劍般銳利的男人。

不過，他們終究是異類。這個時代，在正常的工作環境中，不管再怎麼努力甩開其他人飛快地向前跑，沒有這麼做就能獲得合理報酬和光明未來的保證。在一味希望維持現狀的同齡層群體中，他們就像「唯一不合群的人種」，只能漸行漸遠。對於這些很容易墮落沉淪的人們而言，詐欺店舖看起來就是個充滿希望的地方。

他們心裡的封閉感和孤獨感，在詐欺店舖這種異樣的集團中，能夠獲得莫大的滿足；不對，或許應該說詐騙集團在經過長年鑽研，如何網羅人才並培育優秀的機仔手的過程中，最終摸索出來的結果就是，**營造一個具有歸屬感的環境**。

第五章

專騙老人的始作俑者
——日本社會黑暗面的走向

組織與組織發生紛爭時，
都會各自找來不同的黑道做靠山，
一旦遇到糾紛，黑道就會派人出面解決。

十專騙老人：一種必要之惡？

在這個價值觀扭曲的日本階級化社會中，必然將出現專騙老人的年輕人。他們把自己的作為當作是在執行「不法資產的再分配」，而且為自己的工作冠上大義凜然的名義。這樣的論點不能說完全沒有道理，因此他們在詐欺工作中，也能獲得痛快的感覺。

然而，到底能否稱他們為現代的黑暗英雄？經歷過詐騙集團的工作、離開該業界之後，他們能成為（地下）經濟的年輕領航員嗎？

這應該是不可能發生的事，因為再怎麼說，專騙老人都是「地下」產業，屬於非法行為。

特殊詐欺犯罪在日本盛行十年後，也就是二〇一三年左右，整體業界出現極大的變化。

接下來再次利用說故事的方式，跟各位聊聊發生了什麼事。最後這個故事，還是發生在「加藤集團」的詐欺店鋪。升上新桶仔主的二十三歲青年，來栖君後來發生什麼事了呢？前所未聞，同時設立六家店鋪的企畫，當上三當家暨副掌櫃的毒川，最後的發展如何呢？

同時設立六家店鋪，在詐欺業界也算特例，而來栖君也趁這個機會，從一介機仔手爬上桶仔主的位置，然而，在新店鋪工作才第五天，他很快就感到疲倦不堪。

直屬上司雖然和之前一樣是毒川，但毒川已經離開之前的店鋪，升上三當家（副掌櫃）之後，隸屬於加藤掌櫃底下，一次管理三家店鋪。來栖君分配到的資源是一家事務所，透過一般召募進來的三人、有經驗的五人，合計八名機仔手，還有四百筆個資的名冊、王八卡手機。他接到的指示是利用這些資源，經營一個月的短期店鋪，目標是達成騙取一億兩千萬日圓的業績。

然而，這次的行動是史無前例的特殊狀況，而現場老經驗的眾機仔手，很快就對這樣的安排表達不滿。

這家事務所結束營業後，一名比來栖君稍微年長的機仔手進藤君，跑過來對他說：「有點糟糕耶。」進藤入行當機仔手一年，相當於精銳的主力選手。一直到之前，他和來栖君講話都是用平輩的語氣。自從來栖君當上桶仔主，進藤君也就開始使用敬語。

「對啊，一開始給我們的名冊就太少了。如果加把勁的話，四百筆的名冊應該一週不到就打完了。」

也難怪來栖君會焦頭爛額、無計可施。通常，詐騙集團打電話時，目標對象並不一定待在家裡，而且一旦被懷疑是詐欺，對方很快就會掛掉電話，所以打電話這個工作本身並不會花費太多時間。

以一間事務所營運一個月來說，所有人力都放在打電話的工作，三組人馬分配兩千筆個人資料也不太夠，而現在竟然只分配到四百筆。而且，業績還設定得非常高。

「我覺得不用管事務所什麼時候要關閉，總之上面對這份名冊很有把握的樣子。的確，這種別人還沒用過的名冊，目標的反應和平常相當不同。裡面很多腦袋不清楚的老人家，而且感覺上都很有錢。從這份四百筆個資的名冊來看，裡面應該會有付得出一根手指（一億）的人……」

「嗯……」

進藤君說得確實有道理，來栖君也察覺到這份名冊與過去使用的有所不同。事實上，第五天的業績已經算出來。他的店舖營運五天就成功詐騙了七件，總業績達到一千六百萬日圓，成功率可說非比尋常地高。

然而，整份名冊已經打得差不多，但距離目標業績還有十倍之差。估計再過不久，這份名冊上的所有電話就會打完，到時候手下說「已經沒辦法再騙到錢了」，就算是來栖君以外的人當桶仔主，遇到這種情況也束手無策。

「等我一下，我去跟毒川大哥談談。或許下週起會改變方針，如果是這樣的話，明天一大早我會找大家來開會。」

「麻煩您了。」

看見進藤君面無表情地這麼說道，使得來栖君心裡更加著急。

十 壓榨到毫無利用價值為止

深夜，新上任的副掌櫃毒川，出現在約定的場所，他臉上意外地帶著笑容。來栖君已經向他報告過店鋪的狀況，本以為會遭到一頓痛罵，現在心裡倒是鬆了一口氣，同時也察覺到毒川的笑容中，應該隱藏著什麼詭計。

「哦——你吃飽了嗎？」

「現在根本食不下咽，從白天就沒吃東西了。」

「這樣不行啦，飯還是要吃。這附近應該有沒攝影機，而且有開到很晚的店吧；找一家邊吃邊講啦。」

毒川不愧是一名身經百戰、臨危不亂的副掌櫃。在店舖營運的期間，他特別討厭監視攝影機，就連去便利商店買東西也要戴口罩，行事十分謹慎。兩人最後在附近選了一家個人經營的燒肉店。

幾乎把菜單上的肉都點過一遍後，副掌櫃毒川笑著問道：

「怎樣？你覺得該怎麼做才好？」

「首先，我覺得應該改變腳本，提高每通電話的單價和成功率吧？現在使用的腳本是三方聯手要求和解金，再怎麼努力也很難把單價拉到三百萬以上。這樣的話，就從已經成功的對象身上，找出腦袋不清楚而且又很有錢的對象，集中火力騙光他所有財產，一個人至少可以撈個一千萬。如果決定這麼做，目前成功得手的人有七個，鎖定這七個人下手應該也是一個辦法。」

「哦，那你覺得這次的名冊用起來感覺怎麼樣？」

「這次的名冊很厲害，從對方的反應可以明顯感覺到，有些人的確是有錢又好騙。」

看起來毫無幹勁的大嬸店員送上肉盤時，來栖君壓低了說話聲音，而副掌櫃毒川則不知為何，露出滿意的表情。

「太好了！我本來打算，要是你敢說『再給我多點名冊』的話，就要痛扁你一頓。」

「真的假的!?」

來栖君早已做好心理準備，最壞的情況就是被痛打一頓，此時他總算放下心中的大石。不過，聽到毒川接下來說的話，他又再度緊張起來。

「這次設定的業績是一根手指（一億），不過說到底也只是目標。說起來對你很不好意思，其實是為了測試你，你不要跟現場的人講哦。因為其他店舖都很順利達到目標，你那家店就用你自己的做法，看看到最後可以交出什麼樣的成績。現在的腳本和做法，應該不出幾天就會把名冊上的電話全部打過一遍了吧？打完之後，你如果再找我商量，我一樣會扁你一頓，不過，如果我直接教你怎麼做，你永遠也不會成長。」

「真的假的？」

這家店舖，是為了測試來栖君的本領所設置的嗎？事情應該沒有那麼單純，不過來栖君知道自己的確備受期待，這使得他不自覺地正襟危坐。

「那，你覺得我的方針還行嗎？」

「大致上是正確的做法。利用現在的和解金三方行騙的腳本，鎖定腦袋不清楚的目標，讓他們吐出所有財產，這的確是正解。實際上，名單裡這樣的人應該不少吧？」

「真的有耶。有個老太婆從接起到掛斷電話，只會一直說『真的很對不起』。」

「我就說吧，只要集中火力從這種人下手，一個月找到四個能撈到三千萬的目標就夠了，這才是最快的方法。不過……」

副掌櫃毒川的說話口氣為之一變。

「來栖，你該不會真的就此滿足了吧？好不容易拿到這麼珍貴的名冊，你真的情願讓四百通電話，打出三百九十六通空包彈嗎？」

事情當然沒這麼簡單，因為這可是極大的損失。這次的名冊，可是名冊業者珍藏的第一手名冊。總而言之，拿到名冊就必須想辦法利用到毫無價值，並且將名冊轉為白花花的現金，這是現場機仔手被賦予的任務。來栖君也十分了解這個道理。

來栖君不發一語陷入沉思，此時毒川扔了一本資料在他面前。

「這個，是我們到目前為此編出來的一招斃命型腳本。你把這個和這次的名冊對照比較，想出你自己覺得最適合的做法。」

「對照名冊？」

「喂喂，你以為名冊裡面對每個人的評估項目是做什麼用的。如果只是用來做冒名詐欺，那空白名冊和探過路的，用起來不是都一樣嗎？」

一般來說，名冊裡都會交由探路公司調查，寫下各種資訊。除了年齡、性別、地址等基本項目以外，還有失智程度、家裡有沒有請看護、家裡有沒有放現金和金額多寡等。

來栖君集中精神翻閱資料，對桌上的肉盤無動於衷，副掌櫃毒川則露出滿意的眼神望著他。

＋「榨乾財產腳本」

隔天早上，機仔手一如往常在八點之前便來到事務所，臉上帶著些許不滿的表情。因為這一天是「放假加班」，當初來栖君因為名冊資料太少，所以訂下週休二日的班表，但前一天晚上他撥打公司電話，叫每個人隔天照常上班。

然而，站在眾人面前的來栖君，眼中散發出自信的光芒。

「今天放假還叫大家過來，很不好意思！不過，有件事我想馬上告訴你們，才把你們叫來。從今天開始，我們這個桶仔要徹底改變方針，腳本和分組也會跟著改變。因為我決定，絕對要做到一億兩千萬圓業績。」

來栖君似乎徹夜未眠，一直研究昨晚拿到的資料。雖然此時他雙眼布滿血絲，但從說話的語氣可以感受強烈的意志。聽到他這麼說，眾機仔手也跟著打起精神。

「如果要改腳本，應該辦一場研修吧？」

「明天，我會請教練過來，研修費用我會出。即使要花兩、三天時間辦研修，相信一定會對業績有幫助，這是我下的賭注。」

桶仔主自己出錢辦一場追加的研修，現在就連老經驗的機仔手也沒聽說過。研修費的行情是每人每天兩萬日圓，一天要付十八萬日圓，三天就是五十四萬日圓。來栖君竟然說要自掏腰包，眾機仔手也因此感受到他的意志有多堅定。

「具體來說，今天還是分成三組，各自用不同的方針來工作。首先是第一組，你們鎖定到昨天為止成功的七個對象，打電話去恐嚇他們，這應該不需要研修吧，反正就是要多兇有多兇啦。」

「可是用恐嚇的方式，他們不是會去報警嗎？」

這可說是個合情合理的疑問。只見來栖君發給每個人一張影印紙，紙上的內容是來栖君親筆寫下的「榨乾財產腳本」。

「要報警就給他去，再打去找其他家人，反正重點就是『不付錢就把你家燒了，家裡的人也殺了，我們這裡人很多，只要有人被警察逮捕，一定會找你們算帳』。不然就是跟他們說：『因為你家裡有人去報警，害我們的同伴被抓，識相點就付錢道歉！』先問可以籌多少，盡量榨乾他們的財產。」

這樣的做法雖然看似很亂來，但簡單來說就是讓被害人產生害怕「犯罪組織暗中報復」的心理，利用高壓的態度使他們失去判斷力。只見有幾名機仔手，彷彿自己已經被分配到第一組，個個露出躍躍欲試的表情。這些機仔手都是些「喜歡恐嚇」、「喜歡詐欺」的人，在現場被歸類為超級虐待狂的類型。

這麼一來，剩下的兩組人員要做什麼呢？來栖君告訴這兩個組的所有人員，把手邊的名冊再詳細看過。

「這份名冊，我一直研究到今天早上，最後想出來的方法就是這樣。這四百筆資料，全部匯集起來，就是一本獨居老人名冊，例如有一筆是失去丈夫的老婦人，下面就註記了婦人的名字、丈夫的忌日和以前上班的地點等，我覺得這些資訊一定派得上用場。之前不是流行過一種手法，叫做什麼故人詐欺的，你們有人聽說過嗎？」

前一天下班前和來栖君說話的進藤君，似乎知道這種手法。

「就是一口咬定死掉的人生前有欠債，要求家屬還錢。」

「就是那樣。這麼詳細記錄死人資訊的名冊，你們應該沒看過吧？從這點下手一定行得通，因為沒人能向死人確認事情是真是假。所以我們不管是說他欠錢，還是裝成外遇對象和私生子，說自己因為缺錢過生活，要求家屬支付贍養費或賠償，還是騙說死者生前從公司盜領巨款，現在東窗事發，要麼就上法院，要不就付錢和解，反正什麼理由都能用啦。我知道好像有這類型的腳本，可以單打或雙打（**一名機仔手或兩人一組**），明天開始的研修會加入這些腳本。」

故人的個人資料，唸起來有點拗口，但這些資料愈是充實，就愈適合套用故人詐欺的腳本。

這個時候，突然有一個人舉手請求發言。那是透過一般召募進來的新人剛力君。

「我想問一下。」

「什麼事？」

「名冊裡面，有些資料連家裡放多少現金都知道。」

確實如此，大多數的個人資料，竟然連「五千萬現金和市值兩千萬的有價證券」，這麼詳實的資訊都有，簡直讓人難以置信。

「而且，需要看護的程度也記載在裡面。如果鎖定這些人，用和解金的腳本把當事人騙出來。讓他搭上可以搭載輪椅的計程車，看到他上車之後闖空門（**侵入民宅竊盜**），這樣可以嗎？」

瞬間，事務所陷入一片沉默。每個人都豁然開朗，用電話把當事人叫出來支付和解金，然後拖住他的時間，只要有個一小時或兩小時，應該就足以偷走藏在家裡的財產。

「不是我自誇，以前有幾個壞朋友專門做這行，只要付一點趴數（**依比例分配獲利**），他們說一定會幫忙。全部拿光也滿可憐的，我覺得留一點錢讓他們足夠生活也好。」

剛力的計畫十分簡單明瞭，不過如果派他的朋友過去，萬一朋友在作案現場被逮捕，警方可能循線找到剛力並追查到店舖，這樣的風險不可不考量。

「好，我會先向上呈報，如果上面允許，我們就試試看。」

聽到來栖這麼說，剛力暗自做出一個勝利手勢。他會這麼興奮也是無可厚非，因為如果得手一億日圓的話，剛力當天的薪資就是一千萬日圓，無怪他會如此充滿幹勁。

「耶！大幹一場吧！」

不知是誰這麼說道，看見所有機仔手們都再度恢復熱情，（**這些傢伙真是現實**）來栖君心裡不禁如此想著。

實際上，管理現場機仔手的工作情緒，遠比想像中還要困難。雖然他們不管有沒有成功詐騙到，每天都保證能領取日薪兩萬和交通費，但如果當天一件都沒上勾，心情自然會切換成「省電模式」，就是整個人都意志消沉的意思。不過，如果當天順利詐騙成功，就能分配到百分之十的獎金，所以日薪二十萬或五十萬，也算是家常便飯的收入。

如果成功與失敗的比例失衡，此時人們就會產生「坐在柏青哥機台前，期待中大獎」的心理狀態。如此一來，業績當然會下跌，並且很容易陷入惡性循環。

然而，這次來栖君的桶仔似乎已經脫離上述的惡性循環。

而來栖君本人也再度決定，要開創一個新局面。

✚ 發生問題

店鋪開始營運過了兩週，毒川副掌櫃看到各事務所上繳的金額，不禁翻了一個白眼。六家店鋪做出每家平均五千萬日圓的業績，這代表此次使用的名冊確實非比尋常，但是問題並不在此。新人桶仔主來栖君主管的店鋪，本來這次是設定成「桶仔主教育」，但該店鋪的業績竟然高達八千六百萬日圓。

「竟然這麼不擇手段，真叫人意外啊……」

毒川握著轎車的方向盤，不經意地一個人自言自語，此時他的心情十分沉重。

事實上，最近他遇上了一個大問題。

毒川當上副掌櫃，管理的店鋪一共是三家。而掌櫃這一層的人員，最重要的工作就是下達收款指令。加藤集團的店鋪運作模式如下：現場團隊詐欺成功的當下，就會由桶仔主聯絡掌櫃，掌櫃再將詳細資訊告知A店鋪（**直接向被害人收取現金的收款店鋪**）。A店鋪收到的款項會轉入B、C、D三層信差，最後才交給掌櫃。掌櫃就好像資訊集散中心一樣，隨時都戴著藍芽耳機麥克風，為的就是在任何時間、地點，都能收到店鋪傳來詐欺成功的好消息，說起來工作相當繁重。

掌櫃收到錢會先分配給各層級人員，最後剩下的金額才會分給金主……

三家店鋪同時使用精確程度極高的名冊，結果卻引發出乎意料的局面，就是「收款人員不足，只能忍痛放棄」。這一波開張才第二週，店鋪傳來好消息，掌櫃聯絡A店鋪，沒想到所有馬仔成員都還沒完成手頭上的收款任務，而且這種情況發生了好幾次。

現場店鋪經過一番努力，好不容易才詐欺成功，若本應前往收款的人錯失最佳時機，就只能眼睜睜放棄一筆業績。因為如果在詐欺成功之後，經過數小時甚至到隔天，才派出A店鋪人員前往收款的話，這段期間有很大的機率，警方會接受報案並派員監視，風險因而大幅提升。

結果，因為這個問題影響，毒川管理的三家店鋪受害金額（**未成功取款的金額**），竟高達兩千萬日圓。

心情沮喪的毒川開著轎車，筆直地停入購物中心的停車場，前方正是加藤乘坐的車輛。此次擔任掌櫃的加藤，果然和毒川一樣，都戴著一組藍芽耳機麥克風。

加藤發現毒川已抵達，就鑽進轎車的副駕駛座。

「唉呀，來栖的桶仔真不是蓋的！簡直可以得金箭獎[4]（Golden Arrow Prize）了。」

加藤掌櫃語帶興奮地這麼說道。他自己在當機仔手的時期，曾創下年收入四千萬以上（**亦即總受害金額超過四億日圓**）的輝煌紀錄。然而，現在的時局與當年完全不可同日而語。

警方發佈的詐欺受害金額，每年都創下新高，原因很簡單，一方面是機仔手和店鋪的數量增加，再者是單次詐騙得手單價提高。但一名新人桶仔主的店鋪，當月竟能創下一億六千萬日圓以上的營業額，真可謂是勢如破竹。

然而，毒川卻沒有因此感到喜悅。

「其實啊……來栖的桶仔本來應該還能多收九百，可是我接到通知時，A就已經不夠……其他兩家店舖遇到一樣的情況，初步算起來大概少收兩千。」

反正紙終究包不住火，所以毒川股起勇氣說出實話，而加藤的反應只是「哦」一聲。

「這樣真的沒關係嗎？損失很大耶。」

「不是啦，說實話，我自己的店舖也一樣，到現在已經損失三千了。」

「真的假的？那就快點補充A吧！以現在的情況來看，補充四個捕手（馬仔）應該勉強夠用。」

增補人員的確是當務之急，但加藤臉色卻不太好看。

「關於這件事……遇到一個麻煩的問題。這次開張，規模很大吧？所以，金主之一，說要介紹A店舖給我。可是哦……」

這不是久旱逢甘霖嗎？為什麼加藤這麼煩惱，毒川實在搞不清楚。因此，他便繼續說明原委：

「雖然我不是很認識那個人，但我知道他百分之百是在混的（黑道），你怎麼想？

---

4 由一般社團法人日本雜誌協會旗下，日本雜誌記者會暨影視記者俱樂部設立的獎項，頒發給每年活躍於演藝圈的演藝人員。

用了不熟的人介紹的A，萬一對方帶著錢跑路了呢？遇到A跑路，去追捕一定會帶來風險，況且是黑道介紹的，更別想找到人。可是如果從其他的地方找A，那個黑道一定又會說：『為什麼拒絕我介紹，別的地方找的就OK？』免不了又是一頓罵。」

「黑道哦……不過，我覺得不管怎麼樣，都應該接受他的提議啦。照現在A不夠的情況繼續下去，收不到錢真的很可惜，而且對桶仔的工作效率影響極大。就算A真的跑路，照道理來說，應該是我們去跟介紹的那個黑道討公道吧？」

「毒川君，你完全不了解黑道啊……如果向他討公道有用的話，就根本不能稱為黑道啊。」

即使加藤對這檔事興趣缺缺，但之前花費好大一番工夫，才建立起這次的桶仔體制，要是一直因為人手不足而收不到錢，自己絕對沒臉去面對在現場努力打拚的機仔手，這一點肯定是毋庸置疑。更重要的是，收不到錢會直接影響到機仔手的成功報酬，到時候誰也不能保證，機仔手會不會造反，來向掌櫃討公道。

毒川身為一名新人副掌櫃，今後更以二當家為目標，管不住機仔手可是對日後職涯影響甚鉅。

面對拿不定主意的加藤，毒川說出自己的主張：

「沒關係啦，我覺得還是應該找那個人介紹。之前收款失敗造成的損失，如果之後成功收到錢，也可以用收到的錢來彌補啊。」

「我是這麼想啦，先不要把收款失敗的事情告訴機仔手，由我們當掌櫃的吸收，這樣就不會打擊到士氣。」

「我現在可是損失兩千萬了，三方行騙的機仔手加起來就是六百萬，這筆錢也要我出嗎？」

「嗯……我想，只要能比現在的收款團隊收到更多錢就好，之前白白放棄真的太可惜。」

經過一段時間沉默與思考後，加藤突然用力拍了一下膝蓋說道：

「決定了！就接受那個人介紹吧。談妥之後，我會把新A頭子的聯絡方式告訴你，唉！真是痲煩死了！怎麼會搞成這樣咧，我以為做這行，應該不用去煩這些有的沒有才是啊，有時候在想，倒不如回去做機仔手好了。」

看見加藤滿口嘟噥著發牢騷，毒川露出不可思議的表情。此時他才明白，當上掌櫃一段時間後，果然會遇到難以想像的打擊和難關……

十 最糟的決斷

然而，加藤的不詳預感還真的實現了。他和毒川所做的決斷，以最糟糕的形勢，帶來適得其反的後果。

一開始，金主介紹的A集團，就要求抽佣兩成五，這樣的條件可說是毫無道理。也就是說，假設詐欺成功金額是一千萬日圓，收款團隊要抽兩百五十萬。不過，這家收款團隊還提供一項特殊服務，就是A收到錢之後會轉給B、C兩家信差，總之就是像「洗錢」一樣，讓人摸不著頭緒的服務。更具體來說，就是從受害人手中拿到鈔票後，警方可能從流水號或指紋追查，日後實際使用時可能會被抓到，所以他們最後上繳的錢是「和收款時完全不同的鈔票」。

雖然搞不懂這麼做的用意，但加藤也無法多說什麼。然而，在加藤開始委託A店舖收款後，才不過第七天就出事了。

用來隔開A店舖和掌櫃的信差B，內部成員在拿錢時遇到黑吃黑（**搶劫**），所有現金都被洗劫一空。而且就是那麼湊巧，當時他負責交遞的款項高達九百萬日圓，那是來栖店舖的業績。

事情發生當晚，加藤和毒川被叫到都內公寓大樓其中一間房。

「喂，這件事，你們看怎麼處理？」

只見一名男子粗暴地逼問，他就是這次計畫剛開始執行前，加藤被叫到包廂式燒肉店時，眼神十分冷淡的那個人。該男子看來大約五十多歲，左手手指「修剪」得非常漂亮。叫一百個人來看，一百個人肯定都會說，他絕對是個不折不扣的黑幫。

「什麼怎麼處理？照慣例是不處理。」

加藤如此回答，男子見狀嚴詞厲色地喝道：「你他媽的小子說什麼!?」

什麼都不處理，的確是業界慣例，從過去到現在，詐欺現場的方針即是如此。

「詐欺這一行，如果失敗的話，一塊錢也拿不到，所以這筆錢本來就不是我們的東西。就算真的追查到犯人，如果對方受不了壓迫，跑去向條子（**警方**）告狀，很可能會被一網打盡。基本上，像這次被搶，我們的做法就是慰問一下被搶的人，被搶的錢就一筆勾消，這是一直以來的方針。」

的確，若是站在保護組織的立場來想，這是最好的做法。然而，眼前這名男子似乎不吃這套。

「現在是我介紹的人被搶了哦，你告訴我誰知道要去搶他？啊!?」

總之，男子的意思是，只有現場店鋪的相關人士，知道A去向被害人收款這件事。也就是說，是店鋪相關成員尾隨A，然後在信差B拿到錢的時候，從他手中奪取現金。說得更明白點，男子認為既然是來栖君要求收款，犯人勢必是店鋪裡的機仔手。

「不、這樣講就不對了。一般來說，B被搶劫，犯人應該是B的熟人，不然就是B自導自演，或者是跟B接觸的A或C幹的。」

「你憑什麼這麼肯定!?」

「因為店鋪的人去搶劫收款公司，對自己一點好處都沒有。我們都知道把事情鬧大，讓別人記仇，就好像直接叫警察來店鋪一樣，還不如認真打電話提高業績，這樣賺比較多而且更安全。」

「臭小子少跟我講這些有的沒的！」

男子先是怒斥一聲，隨即抓起菸灰缸朝加藤扔去。簡直就跟黑幫V系列電影[5]的劇情一模一樣。

「不管怎樣，你把那桶仔的人都給我交出來！」

「這……我做不到。」

聽到加藤的回答，男子這次沒用菸灰缸，而是直接揮拳打在加藤君臉上。

「㑳你媽！你看不起我是不是？我知道這次損失不是只有出錢投資的我們，你們也是受害者，但是我這邊的細漢被打得半死哦。他那時騎機車，先是被車撞飛，又被對方拿金屬棒痛毆。不管付多少醫藥費和慰問金，都無法分擔他所受的痛苦啊！」

「不然，我們到底該怎麼做？」

「我等你到週末，給我準備九百萬來，一毛都不能少！」

「……」

「聽到沒有！還是要我現在給你一刀⁉」

加藤才真的想給對方一刀，但此刻他也只能拭去流下的鼻血，強忍著內心的憤怒。快點離開此處才是上策。

「我知道了……」

最後，毒川從頭到尾只是一言不發站在旁邊，低著頭不知如何是好。

5　東映於一九八九年起，製作的一系列電影。V取自video，在日文中是錄影帶的簡稱。因此，這系列電影都不上院線，直接發售錄影帶。另外，東映也為「V系列電影」註冊了商標。

十 他們的決斷

最後這件事，就是二當家加藤花錢消災。本來是管理店鋪的毒川應該負責，但加藤只說他會全權處理，當下也就那麼決定了。

隨後兩人前往公寓的停車場，從逃生梯往下走的途中，加藤一直面無表情。

「混帳，竟然把做我們這行的人，叫到這個到處都是監視攝影機的公寓，要是害我們被抓，那傢伙肯定也會受到牽連。到底頭腦裡裝什麼啊？那個大叔！」

加藤憤恨地幾乎失去理智，一邊往下走的同時還不停敲打扶手，毒川在一旁眼神鬱悶地說：

「嗯——我在想啊，這場搶劫會不會是那個大叔自導自演？」

「毒川，你現在說的話要是被人聽到，可是會引起戰爭哦。」

的確，這次的事件真的充滿疑點。金主和掌櫃，雙方都處在疑心生暗鬼的情況，勢必影響到日後的合作。

「加藤兄，這種情況經常發生嗎？」

「沒有，至少之前沒發生過。」

突然間，加藤在樓梯間停下腳步。

「毒川兄……」

「兄？你幹麼突然這樣叫我啦？」

「我想再跟你確認一下，我希望毒川兄你能把掌櫃的工作全部學會，然後我就準備退出這行。這麼一來，你就會升上二當家，你真的願意嗎？」

「唉喲……加藤兄，你幹麼突然用敬語跟我說話啦？」

「認真說，我覺得進入詐欺這行，和你一起當機仔手，是最快樂的時光。還記得大家一起去海邊玩過。」

加藤直視正前方一邊說道，而毒川的表情也略為放輕鬆。

「對耶，我們一起去過海邊……那個時候規矩還沒這麼嚴格，機仔手也會一起去喝酒、去海邊玩，還記得我們騎水上摩托車去撞石頭，整台都撞爛了……」

不知何時，兩人說話的用語，又回到過去的平輩關係。

表面上，加藤是因為聰明才智受到賞識而升上掌櫃，但實際上，他的業績完全比不上毒川。

加藤知道怎麼聚集人才，並且提升他們對這行的熱情，而且他還願意接下枯燥的出納業務，頭腦也很靈活，為人正直不會背叛公司。因此，即使毒川比較資深，而且論機仔手的經驗和實力都在加藤之上，但加藤還是先當上了掌櫃。

「毒川兄，我認真問你。我可以把一切都交給你，然後自己逃離這個業界嗎？」

加藤這麼說著，雙眼凝視著毒川。

毒川似乎也察覺到，此刻正是自己事業的轉捩點。

「……加藤，我說過會接你的位子，就一定會接。如果加藤你覺得自己差不多要退場，那就退吧。我一定會用心經營你留下來的事業。」

「謝謝你。」

加藤深深一鞠躬，毒川心裡想著。

詐欺業界即將迎來驟變與動盪的時代，當上掌櫃就意謂著，自己必須在這場波濤中，守護機仔手並提升收益，甚至賭上人生。想到這裡，毒川不禁擔心自己到底能不能做得到。

與此同時，正值營業時間結束，來栖君帶領的事務所一片歡聲雷動，因為他公布當周業績金額。這群人當中有些是在貧困中長大，也有些對賺錢抱持極高的熱情，以至於無法融入同儕，也有些人從過去就一直被當作一無是處的廢物。然而，堅持留在桶仔工作，讓他們獲得過去難以置信的巨大財富。

桶仔的工作條約規定不能喝酒，所以他們只能用免洗杯裝茶代替酒，但每個人都覺得這杯茶比任何高級酒更美味。

來栖君看著這群機仔手興奮不已的模樣，內心再次發誓，決定全心全意投入這份工作。

＋變化劇烈的詐欺勢力版圖

一開始的詐騙集團成員，都是遊走在法律邊緣灰色地帶的人們，簡單來說就是在道上混，但又不隸屬任何幫派，透過口耳相傳加募新人；到了二〇一三年前後，整體環境、勢力版圖和結構，都發生劇烈的變化。每個詐騙集團都冠上「〇〇組系」、「〇〇會系」或「〇連（**遊走在法律邊緣的集團**）系」的名號。

也就是說詐騙業界演變成「連鎖化」，在第三章的故事裡，加藤被叫到高級包廂式燒肉店時，聚集在那裡的金主們，就是連鎖系統裡的幫派人士。

然而，詐欺業界出現○○系這樣的局面，對於我這個從過去持續追蹤業界的人而言，總感到非常不對勁。照理說，詐欺和講道義的幫派，應該是背道而馳的兩種組織。

某個幫派的幹部曾對我說：

「雖然每個派系的方針不同，但基本上各幫派都嚴禁成員涉足詐欺事業。因為我們再怎麼說也是講道義、濟弱鋤強的集團。說到底，詐騙產業會演變成這麼大的商業規模，幫派沒有介入也是原因之一。講道義的幫派，是由基層小弟負責供養角頭，而角頭則提供工作給小弟，就像是家族企業一樣，所以像詐騙集團那樣理所當然犧牲基層，就是違反道義的做法。因此，即使和幫派一樣建立起組織架構，但是講道義的幫派若涉入地下經濟組織，就會導致從下到上被拔個精光（**遭到舉發**），整體崩壞滅亡的下場。」

這樣的說法的確合乎道理。

那麼，為何當今的詐騙集團會冠上任俠團體的名號？知道這段經過的人，就屬詐欺店鋪的前掌櫃。先前提及的故事中，化名為加藤掌櫃的人物，在採訪中這麼表示：

「雖然只是我的猜測，不過在前年（二〇一一年）底左右，關東聯合裡的怒羅權（關東地區二大幫派集團之一），被政府指定為準暴力團體那陣子，詐騙集團就開始掛上幫派名號。雖然並不是所有金主都是這個組織的人，但很顯然有幾個金主在此時離開詐欺業界，金盆洗手改去販賣實體商品（透過實際的商品，奪取老人財產的事業，例如強行寄送健康食品並請款的手法）而這個時期幫派裡見不得光的錢，就不再流入詐欺業界。」

「業界全體受到資金緊縮影響，這一點讓我們十分有感。而且同一個時期，都內兩家大型道具店被取締，造成道具不足，每家店舖都爭相搶奪名冊和道具。之後有一家店舖流出詐欺目標的名冊，被另一家店舖擅自拿去做代理催討詐欺（佯裝協助收回詐欺款項，要求被害人先支付手續費的手法），後來受害店舖發出追殺令，揚言『一定要把那群傢伙找出來殺掉』。」

不管經過多麼嚴謹的訓練，詐欺終究是見不得光的事業，因此詐欺業界的各組織，頻繁發生爭執與對立。當然，即使當事人蒙受損失，也不可能向警方報案、請求刑事或民事賠償。在無法尋求警方或律師協助的情況下，很自然就得找「地下民事仲裁」的專業人員出面協調，那就是黑道。

組織與組織發生紛爭時，都會各自找來不同的黑道做靠山（類似監護人的地位），一旦遇到糾紛，黑道就會派人出面解決。前掌櫃加藤又繼續說：

「這麼一來，業界裡就不太會發生紛爭，同時詐騙集團也更容易『獨占』名冊和道具，最後就變成各集團都冠上幫派名號，整個東京都內大致分成四個連鎖體系。為了好記，這些集團都取名為『〇組系』或『〇連系』，實際上，幫派組織裡的成員，並不會去擔任掌櫃或機仔手。金主當中出資最多的大股東，並非都是有案底或遊走法律邊緣的人，所以詐騙集團賺得的業績，也不用上繳給黑道和遊走法律邊緣的那群人。不過，掛在黑幫組織底下的連鎖店舖，彼此會互相流通資金和人力，而且萬一和其他組織發生糾紛時，黑幫的名號也能發揮威嚇的作用。」

然而，過去黑道和遊走法律邊緣的組織的原則，是絕對不涉入詐欺業界，現在卻讓詐騙集團冠上自己的名號，最後導致的必然結果，也就是各連鎖體系之間落入「競爭理論」：為了爭奪更安全的道具、更有效的名冊，以及更優秀的機仔手，每個詐騙集團都想盡辦法想把其他集團踩在腳下。

過去就算組織間發生糾紛，各個詐騙集團的默契是互不干涉，但此刻詐騙集團已面臨「戰國時代」的到來。

十 機仔手的重大變化

現實中，局勢變化比上述故事進展得還要快。首先發生劇變的，是店鋪機仔手和收款店鋪這一類的人才。

「不管是店鋪機仔手或收款團隊，掛名的黑道相關人員派遣到這兩種店鋪的人數逐漸增加；黑道不就是『聚集人手和騙人的專家』嗎？就算並未實際登錄在組織裡，有些原本就與組織走得很近的人，或是數年前曾當過詐欺機仔手、目前仍在道上混的人，黑道都把他們召集起來訓練下巴（**指導話術**），之後打入（**派遣**）店鋪。話雖如此，這些機仔手賺到的錢，其中有一部分會被原先的組織收走，說得簡單一點就像馬伕和外賣小姐，或是派遣公司和派遣員工之間的關係。只要掛名在黑幫底下，就能夠防止機仔手跳槽到其他連鎖店鋪，這也是重點之一。」

若說「詐欺已成為黑道的資金來源」，一般人首先會以為在詐騙集團頂點的金主應該是黑道，而詐欺店鋪的收入必須上繳給組織，但實際情況並非如此。

倘若金主是經營正當生意，而且掌櫃和機仔手都沒登錄在組織底下，這些機仔手和收款人員是由掛名的黑道人士召集、送入店鋪的話，就能收得到佣金，而且黑道大義凜然的俠義精神也不會受到影響，同時也能涉入這個產業。依據派遣的人才數量而定，黑道預估能獲取的利益，或許還比金主更高。

如此一來，將使得爭奪人才的情況愈演愈烈，同時也是造成失敗的開端。

「實際上，就算是使用相同的名冊和腳本，不同機仔手能騙取的業績可能差到四倍之多。有經驗的機仔手賺到某個程度的金額後，有些人並不會就此金盆洗手，而是跳槽到條件更好的店鋪，舉例來說〇系的集團，就打破『機仔手能取得百分之十的佣金』的規矩，提高比例到百分之十到三十；另外T系店鋪的方針是，優秀的機仔手可以馬上升上桶仔主，並擁有自己的店鋪，總之目的就是想辦法增加店鋪的數量。」

「但是情勢一但演變至此，原本聽命於某個黑道、進入店鋪當機仔手的人，後來也可能被挖角到其他店鋪。更誇張的是，有些店鋪的領導者會把成績優異的機仔手，派到其他連鎖的店鋪，藉此獲得黑道的援助。最糟糕的情況是，從黑道組織相關成員的角度來看，依照派遣人員前往的店鋪水準不同，能夠收取的佣金也不相同，結果他們也會把機仔手派往掛名在其他黑道底下的店鋪。」

這樣的情況簡直是一團亂。總之，實際情況就是「甲組相關人士」本來應該把機仔手派遣到掛名在「甲組系」的詐欺店鋪，卻因為上述原因，把機仔手派到本是競爭對手的「乙組系」店鋪。如此一來，掛名黑道的連鎖體系就會瓦解，發生糾紛時也就難以收拾。

＋內部的破綻

詐騙集團的基礎看起來已達到間不容髮的緊張狀態，而破綻也就因此產生。當詐騙集團急著想擴充機仔手人數，將導致機仔手的素質低落，或是做出背叛店鋪的行為（**捲款潛逃**）。為了避免機仔手的素質日益低落，有些詐騙集團開始實施「限制機仔手」制度，誠如上述，詐欺業績會隨著機仔手優劣而產生極大的差異，想獨占優秀的機仔手是一件非常困難的事情。

另外還有其他問題也開始爆發，「BC跑路」就是其中一例。過去的詐欺業界，收款團隊已形成獨立組織，並且仰賴人力資源公司提供人才，這一點剛才已經說明。

簡單來說，詐騙集團為了避免整個組織遭到舉發，都會把收款途徑設計得很複雜。結果就是到現場直接向被害人收取現金的馬仔集團稱為A，而為了擾亂警方查緝，同時運送現金收入的信差團體則稱為B、C，最後把現金收入交給店舖掌和桶仔主的團隊是D，以字母來代稱是為了方便辨識。這裡提到的B、C集團，有時候會遭受襲擊，並且搶奪現金收入，有些集團甚至會在收了款項之後直接失蹤，這樣的案例通稱為BC跑路。也就是本章一開始描寫的情況。

這樣的事態，讓派遣人才到現場的黑道組織相關人力資源公司也非常頭痛。

「這樣的情況，本來只能說『運氣不好』就不再追究，但黑道組織並不認可這樣的處理方式。這麼一來，本來應該被追究責任的人，應該是介紹收款員到A集團的黑道成員。而派遣機仔手到店舖的黑道組織，勢必會追究應得的佣金。但是，如果派人到A集團的人是上層組織，或是其他黑道組織的話，情況又會演變成怎麼樣呢？互相追究責任的結果，最後會導致組織間的糾紛。相對的，大家都知道不能把事情鬧大，所以上層組織也可能刻意安排BC跑路，或是找人去演一場蓋布袋（強盜）的戲碼，整個業界因此陷入疑心暗鬼的狀態。而且詐騙集團以為有黑道做靠山，因而放鬆警戒，最後造成店舖遭到襲擊。」

為了預防警方搜查，詐欺店舖都會加強警備，一切以安全為上；但假設某個機仔手知道配餉（發薪）前一天，店舖會保管大量現金，並且把這項資訊洩漏給第三者知情，就會招來打手（**強盜集團**）。對詐騙集團而言，打手集團是棘手的對象，因為就算派在外面把風的人被打到半死，當然也不可能去向警方報案。而且一旦店舖裡開始疑心暗鬼，想找出是誰找來打手的話，原本握有絕對權力的掌櫃和桶仔主，地位也將岌岌可危。

正因如此，各店舖都希望招攬足以信賴的人來當機仔手，也就是「限制機仔手」制度……最後整個業界就陷入膠著。

在這樣的局勢中，對各組織造成另一股壓力的，就是店舖人才的「世代差距」。之前提到過，引領當代詐欺業界的重要人力資源，都是些郊區出身的勢力。他們利用老家在道上混的人脈以及後輩，召集了多數人才加入詐欺店舖，然而對於二十出頭且積極投入工作的機仔手而言，現在十幾歲的機仔手候補人員，都散發出一股壓倒性的「溫吞」氣息。上一章出場的筑紫君，也親身體認到這樣的轉變。

「現在十來歲的機仔手候補，經常語出驚人，例如他們會說與其當機仔手，不如去做馬仔。說實在的，只要好好當個機仔手，幾乎不會被逮捕。但馬仔可是用完就丟，會不會被逮捕都憑運氣。就算我對他們如此說明，還是有很多小鬼說要當馬仔就好。」

「原因就是，他們沒有慾望。真的是清新小混混，感覺就像以前離家打工的人一樣。

說什麼賺到五十萬就要回去老家，只想買一台中古的VELLFIRE油電車。我告訴他：『既然要賺，至少多賺點，買台LS（凌志，Lexus）吧！』他竟然回我說：『這樣就不能載朋友出去了啊。』（因為他們說的是凌志雙門跑車）還有好多人希望星期六、日可以放假，事實上，星期六、日休息的店鋪也變多了。我們老家的小鬼都這樣了，更別說關東的年輕人有多誇張。最好笑的是，有個傢伙在J聯盟當引導員，竟然說：『為了鹿島鹿角足球隊，我什麼都願意做！賭上這條命都行！』這種人根本就不適合進到這個世界。這傢伙，就算派去A（收款團隊的馬仔）也做不了事。因為這些傢伙一旦被捕，很可能就會忘記組織的命令（指示他們保持緘默）。」

筑紫君的團隊以前不管有沒有工作都會養著馬仔，提供章魚屋給他們吃住，而且連他們被逮捕也保障出獄後的生活。不少人在這樣的環境培育下當上機仔手，成為精銳人才。

「無微不至地照顧他們，合計花費約五百萬日圓培養的人，後來有人就靠未股（未上市股票詐欺）一次賺到九千萬日圓。我們也是被這樣培養起來的。但是，看到最近的小鬼這幅德性，只能把他們當成棄子來使用，總覺得心裡過意不去。」筑紫君垂頭喪氣地這麼說著。

＋詐騙集團內部崩壞

上述情況，是否宣告詐欺業界就此敲響喪鐘呢？詐欺業界可謂「專騙老人」這一行的代表，如今面臨內部崩壞的時代。他們絕不屈服於警察組織的全力搜查，也不會去追究上層幹部的身分，究竟會不會因為內部的矛盾而崩解呢？可能有人會這麼問，但其實完全沒有這回事。

上一章登場的神部君，曾有當金主的經驗，他就說過一句話：「這一行不就是個過渡期的產物」。

「最後這個業界將成為黑道的囊中物，只要爬上比掌櫃還高的位置，任何人心裡都這麼想。但是，就算跟黑道掛勾，只要維持某種程度的『道義』，結果只是靠這行吃飯的人變多，其他情況完全不會改變。我反而覺得，一開始詐欺組織互不干涉的默契，才是不自然的環境，所以最終還是需要兄弟（黑道）的組織出來較量，留下幾個素質比較高的組織，聚集資金和優秀的人才，各個黑幫組織互相合併交流，自然形成那樣的環境，這是我個人推測的發展。」

「即使組織和店鋪的數量減少，只要黑道繼續投入這一行，再加上世間對抗詐欺的力道，自然會形成淘汰機制，結果毫無疑問只有足夠強大的組織才能存活下來。」

由於神部君熬過嚴苛的詐欺現場洗禮，才會做出上述的臆測，而這個結論的確可說是獨具慧眼。一般社會上的產業，可能必須歷經數年時間，才會形成組織淘汰和業界重組的情況，但地下經濟社會的變化更是迅速，產業也會更快迎向蕭條。

經歷過渡期與淘汰的結果，專騙老人的產業應該會發展得比現在更加洗練，並且對社會張牙舞爪。經過淘汰存活下來的組織，篩選現場機仔手的標準將會更加嚴格，他們會抱持更強烈的專業形象與使命感，投入詐欺業務。現今的年輕世代也是最容易找到機仔手候補的世代，面對對低所得甘之如飴的同輩人，「清新小混混」的風氣愈是蔓延，自我期許愈高的年輕人就愈無法融入，經過一番摸索，最後還是會選擇投入詐欺產業，這是神部君的見解。

十 浪費的人才與浪費的才能

各位覺得如何呢?本書介紹了專騙老人的頂點、特殊詐欺犯罪組織,以及在現場工作年輕人的心境、現況與今後。

「總覺得這個產業是在消磨、浪費人材與才能。」

採訪詐欺業界的人們之後,這是我心裡最後的感想。

至少我是這麼認為,對於這些在詐欺現場擔任機仔手的年輕人,若能給予一個易於發揮所長的環境與適當的鍛鍊,他們勢必能夠在各行各業成為成績優異的人才。然而,詐欺店鋪利用高效率的方法來促使他們成長,另一方面也以極快的速度消耗這些人才。先前提到的神部君,看過許多機仔手從入行到退出,他這麼說:「過半數的機仔手都會半途而廢。」

「我自己也曾經差點把持不住,你也知道,詐欺店鋪大多是集中火力的短期經營。有時候是衝刺兩個月,直到下次再度集結之間,可能有數個月的休息。這段期間,就有很多人會自甘墮落。」

「不管掌櫃或桶仔主再怎麼嚴厲交待，還是有人會去玩火，像是大肆揮霍而被黑道盯上，受到殘酷的教訓；又或者沉迷於賭博，一個晚上就在百家樂賭桌上輸個幾百萬。我當時升上掌櫃，其中一個條件就是要有存錢的習慣，但幾乎所有機仔手，能夠存下所賺的錢一半就算不錯了。這些傢伙一到休息期間，就會變得懶散又遲鈍，等之後配屬到新店鋪，還得花一段時間才能進入狀況。不少人都是在第一間店鋪賺最多，接著業績就會漸漸下跌。機仔手並不是單靠經驗和年資決定優劣的職業。」

另一方面，不管他們看起來多麼老成，多數機仔手終究還是二十幾歲的年輕人。正因為他們想法都還很單純，當了一陣子機仔手再回到一般人身分，就很容易出現脫軌失序的行為。

「說到底，沒有任何一個工作，可以像詐欺一樣，付出就能獲得回報。這一行的『勞務單價』本來就不同於其他行業，所以他們金盆洗手後，有一段時間會無法適應一般正常的工作，因為薪水實在差太多。再者，我自己也是這樣，經歷過詐欺店鋪的工作，再去看一般企業的上班族，總覺得想扁他們一頓，因為這些人實在太沒幹勁了。因此，幾乎所有離開詐欺業界的人，都不會選擇回去當上班族，但通常都不會有什麼好下場。例如有些人出資開店，就會遇到惡質創業顧問公司，專門鎖定他們這些詐欺業退休的人，不管是開陪酒舞廳或是情色酒店，幾乎都維持不了一年，幾千幾百萬資本就像丟進水裡化成泡影，這樣的例子可說是司空見慣。」

多數機仔手退出業界後，常常會說：「好想再回去當機仔手」，但是在把過去賺的錢花光之前，他們也不會採取行動。因此，神部君一路看下來，退休的機仔手要不就是酒精中毒、濫用藥物，要不就是沉迷於賭博或線上遊戲，形同廢人。總之，多數人都過得十分慘澹。

而我實際感受到他所說的這種情況，是在採訪中接觸到「詐欺前輩」，其中就有一些人落得悲慘的下場。過去，他們在詐欺店舖也擁有異於常人的熱情，而且也發揮最大限度的才能，一想到這點，我深切感到他們確實將青春「消耗、浪費」在詐欺店舖裡。就算退出數年又重操舊業，也跟不上詐欺店舖現場常識的急遽變化，有些人在現場只被當成「累贅」或「老賊」。

這樣的情況，宛如運動競技的世界裡，明星選手退出第一線之後，晚年窮愁潦倒的模樣。

而近幾年來經常聽說，這些退休的前輩，或是離開現場店舖轉為人力資源業者、派遣後輩機仔手到詐欺現場的人，都有黑幫積極與其接觸，並且拉攏他們加入組織。因為目前黑道也面臨年輕組員不足的困境，而這些詐欺界的前輩，正是今後足以率領黑道社會的必備「人才」。

過去任俠團體給人的印象是，「拉攏在社會上難以立足生存的人，提供生活所需，相對地要求他們必須把生命奉獻給家族（組織）」，但現在的情況是「一般社會難以接納的優秀人才，由黑社會來回收」，可以說相當諷刺。話雖如此，近年政府大力取締任俠團體，亦即反社會勢力的經濟活動。這些優秀的年輕人，憑藉詐欺產業化解了心裡的鬱悶，又因此再度陷入另一種鬱悶中。

若說這一切都是他們自作自受，我還是覺得這個社會對他們實在過於殘酷。

十 無人關心而面臨絕境的年輕世代

年輕人應該是日本這個國家的重要資產，卻被犯罪組織吸收、消費，即使如此還是有年輕人前撲後繼投入、創立新的組織，而專騙老人的產業也絕對不會消失。

特殊詐欺犯罪在日本跋扈橫行的這十餘年間，我採訪了生存在各個詐欺現場的年輕族群。一開始以為只是「單純在地下社會打工」，並且認為他們是日漸抬頭、窮凶惡極的小鬼；但隨著深入採訪，我開始認為他們是現代日本「必然」出現的產物。

專騙老人這項特殊詐欺犯罪的總受害金額，從二〇一四年一月到十一月間，已經高達五百億日圓。然而我覺得比起受害金額，年輕人被逼到必須從事專騙老人的工作，對世間長期性的社會損失反而更大。

當然，並非每個高齡者的經濟條件都那麼優渥，高齡世代當中也存在著貧富差距。世上還是有些高齡者飽受貧窮所苦，詐欺受害者勢必也有人被逼入絕境。然而，今後的三、四十年間，預估將投入專騙老人的年輕機仔手們，無疑是日本社會中珍貴的勞動人口。

「不能搶奪他人財物」、「不能欺騙他人」這種理所當然的道德觀，幾乎已經被破壞殆盡，而年輕族群被逼到這步田地，正是專騙老人的犯罪組織囂張跋扈的原因。若只是一味感嘆世道變得如此可怕，彷彿事不關己，這種態度未免也過於不負責任。

然而，無論如何，若追根究柢來看，在如此世道中，放任年輕人自生自滅、將他們逼入絕境，造成現在日本社會現況的始作俑者，卻正是現在被當成作案目標的高齡者們。

後記

我曾經和一名身為轉帳詐欺現場要員的年輕人，一同閱讀高齡取向的商業雜誌。據他所言，為了了解被害人的心理狀態，以及現代高齡者的動向，他們才會閱讀這類雜誌。這種雜誌為了讓老花眼的高齡者易於閱讀，都用較大的字體來印刷，其中一有篇特別報導是向高齡者推薦「如何選擇高價的自費老人照護中心」。

「看到有些老人付得起五千萬圓入住費用，那我如果利用入住初期手續費的名義，一次不就能詐騙到五百萬圓嗎？想到這一點，就覺得閱讀這種雜誌非常有樂趣。」

他是一個重感情的青年，總是把朋友和女友擺在第一位，同時他也認為「富裕的高齡者」，彷彿是和自己住不同世界的一群人。

高齡化社會意指「失去生產力的多數高齡者，只能仰賴少數年輕人來供養」。而且，年輕人與高齡者之間的貧富差距，已擴大到前所未有的規模，而且現代的年輕人不管再怎麼努力，也無法獲得相應的報酬。年輕人對於不同世代的觀念，自然就演變成「與其供養，不如搶奪」，選擇這麼做的人因應而生，也就導致專騙老人產業的誕生。

上述的心態，就和將來不知道能不能領得到、因而拒絕支付年金的年輕人完全沒有兩樣。甚至可以說，如果沒有「犯罪」這層束縛的話，或許當代所有年輕人都會成為專騙老人的機仔手，因為停滯、鬱悶、失望和放棄的感覺，已根深蒂固植入年輕人內心。當然，欺騙他人奪取財物的詐欺行為，毋庸置疑是一種犯罪，也絕對不是值得鼓勵的工作。詐欺確實只會破壞社會秩序，年輕人從高齡者身上奪取財物，絕對不會讓社會變得更好。然而，有一件事情我可以斷言，「被奪取之前就付出的話，也不會使得詐欺如此猖獗」。

照理來說，富裕的高齡者應該負起的社會責任，並不只是努力工作來支付兒孫的教育費，還必須為了將來供養自己這一代的「年輕世代全體」，付出金錢、勞力和時間來培育他們，讓他們擁有足以供養高齡者的環境、活力和希望。然而，現實卻完全相反。目前，比起支持年輕世代的社會制度、學費問題，以及對於雙親養兒育女的支援，一切「培育未來生產力」衍生的問題和必要的政策，更棘手的問題是如何讓金錢在世代之間流通，這同時也是高齡化帶來的問題。現今尊老卑幼的社會觀念，簡直叫人感到匪夷所思……

今後，消弭專騙老人的方法，並不是訂定防犯對策，也不是揭發詐騙集團的手法。我認為唯一的方法只有「付出和培育」，這才是真正的解決之道。

Speculari 37

老人詐欺
——把老人當作目標，不僅是因為老人好騙。更是因為「那個世代」，壟斷最多財富
老人喰い　高齢者を狙う詐欺の正体

作者　鈴木大介（Daisuke Suzuki）
譯者　李建銓
企畫選書　陳子逸
責任編輯　梁育慈
特約編輯　謝佳穎、郝力知、呂函
裝幀設計　製形所
內頁排版　楊雅屏
總編輯　張維君
行銷主任　康耿銘
社長　郭重興
發行人暨出版總監　曾大福
出版　光現出版
網址　http://www.bookrep.com.tw
電子信箱　service@bookrep.com.tw

發行　遠足文化事業股份有限公司
地址　231 新北市新店區民權路 108-2 號 9 樓
電話　(02) 2218-1417
傳真　(02) 2218-8057
客服專線　0800-221-029
法律顧問　華洋國際專利商標事務所／蘇文生律師
印刷　中原造像股份有限公司
初版　2019 年 7 月 3 日
定價　320 元
ISBN　978-986-97427-6-4